Écrire un discours

Groupe Eyrolles
61, bd Saint-Germain
75240 Paris cedex 05

www.editions-eyrolles.com

Chez le même éditeur :

Faly Stachak, *Écrire, un plaisir à la portée de tous.*

Patrick Jusseaux

Écrire un discours

EYROLLES

Pour Anne-Eva et Maëlys, à titre de fanal.

À Faly Stachak, sans qui ce livre n'existerait pas.

Sommaire

Chapitre 3

Comment développer votre discours 55

Chapitre 4

Comment utiliser dans votre discours des éléments de rhétorique et d'ornements 81

Avant-propos

Ce livre n'a pas pour objet d'apprendre à convaincre. Trop de
« communication efficace », de *spin doctors*, de boîtes à outils,
d'empathie, de manipulations… finissent par lasser, par agacer, par
alerter, chacun se reconnaîtra dans l'une ou l'autre réaction. De
sorte que nous sommes entrés dans ce que la romancière Nathalie
Sarraute a appelé, mais pour évoquer un tout autre domaine,
« l'ère du soupçon ».

Le discours n'échappe pas à ce mouvement généralisé – et ô combien
légitime – de suspicion, et cela bloque nombre d'orateurs, occasion-
nels ou non. Sauf que le discours a part aux beaux-arts : on veut
bien douter que cette pomme soit une pomme, on appréciera néan-
moins le tableau ; on est bien convaincu que la Phèdre qui brûle sur
la scène n'est pas Phèdre, mais telle actrice ; on n'en admirera pas
moins la performance. On est bien certain qu'un discours électoral
n'est qu'un tissu de promesses destinées à être oubliées aussitôt que
proférées, on n'en commente pas moins chaque ligne, chaque
inflexion – les médias en raffolent et donnent dans le panneau avec
un enthousiasme jamais démenti – comme si le sort du monde en
dépendait.

Quoi qu'il en soit, on s'en tiendra à cette position pragmatique et minimale : comme un concert, un discours est une circonstance dont la formalisation est plus ou moins poussée et qui relève de conventions qui doivent être perçues comme des opportunités plutôt que comme des entraves.

Voilà ce dont l'apprenti orateur doit se pénétrer. Et faire ainsi de son mieux grâce à l'attirail rhétorique légué par 2 000 ans d'histoire : c'est dire que les recettes de ce livre ont été abondamment testées.

Chapitre 1

Comment composer votre discours

Définissez le ton de votre discours

Avant même d'écrire le premier mot du discours, il est impératif de déterminer le ton, comme en musique. Il constituera le fil rouge, en quelque sorte, et rien n'empêche de tricoter deux tons différents, à partir du moment où les auditeurs n'en sont pas perturbés.

La rhétorique classique, encore elle, avait fixé plusieurs tons en fonction des circonstances : le judiciaire, le délibératif et l'épidictique. Et chaque ton avait ses caractéristiques propres : une finalité précise, un ton spécifique, des tours rhétoriques bien identifiés, etc. Quel que soit l'intérêt de ces catégories antiques, il faut comprendre que la rhétorique qui fonde le discours relève d'un code social, un peu comme la disposition protocolaire d'une table de dîner officiel ; l'orateur assume en effet sa langue et s'efforce de la rendre excellente : c'est à cette aune-là qu'il sera jugé.

Aussi faut-il tenir pour ridicules les sottises écrites par des auteurs qui confondent publicité et rhétorique : à les entendre, il faudrait en toute situation des mots percutants, des phrases courtes, etc. La question n'est pas de proscrire ce style mais de ne pas lui donner en tous lieux et en tous temps la priorité.

La bonne mesure est de prendre en compte les attentes sociales et symboliques de son auditoire. Imaginons un élu préparant un discours pour l'inauguration d'un monument à la Résistance, un religieux s'apprêtant à prononcer une oraison funèbre : quelles seraient les attentes des auditoires ?

Sans les reprendre telles quelles, on peut exploiter ces catégories antiques et, peut-être, s'amuser à déterminer des « tours » d'élection pour tel ou tel ton, lesquels seront tous développés au cours de cet ouvrage.

Exposé	
Sa finalité	Expliquer, présenter
Son ton	Modéré, sobre, égal, pédagogue
Ses tours de prédilection	Audibilité de la structure, chleuasme (figure de modestie)
Hommage	
Sa finalité	Saluer un départ, remercier
Son ton	Lyrique, grave, noble
Ses tours de prédilection	Métaphores, archaïsmes
Polémique	
Sa finalité	Railler, disqualifier, attaquer
Son ton	Offensif, moqueur
Ses tours de prédilection	Exclamation, dérivation, néologismes, familiarités.

Évidemment, ces catégories ne sont présentées ici que par commodité et elles ne prétendent nullement se constituer en règles. Tout au plus peuvent-elles prétendre à convaincre le lecteur que le ton d'un discours est un aspect important et qu'il convient de réfléchir, comme pour une symphonie, à la « couleur » générale.

Le premier tour des présidentielles 2007 : un déferlement évangélique

Des exemples éclatants de cette volonté de « colorer » un discours nous ont été donnés par les candidats aux élections présidentielles de 2007, lors du soir du premier tour. En l'occurrence, la couleur choisie était nettement marquée d'espérance évangélique. À tout seigneur tout honneur dans le genre, commençons par François Bayrou :

> « J'ai **une bonne nouvelle** pour vous. [...]
>
> C'est à ces millions de Français que je pense : ils ont fait une magnifique campagne électorale. Ils ont formé une force nouvelle, la seule force nouvelle de la politique française. Ils ont ouvert **un chemin d'espoir pour la France et ce chemin d'espoir ne s'arrêtera pas**. Il y a enfin un centre en France. Un centre large, un centre fort, un centre indépendant capable de parler et d'agir au-delà des frontières d'autrefois. Ceux-là, ces millions de Français, ont compris que la vieille guerre des deux camps ne répondait plus au **mal de la France. Je vous le dis** : le mal de la France est plus grave qu'on ne le croit dans les deux partis qui sont encore ce soir arrivés en tête.
>
> Nous ne sortirons pas la France de la situation qui fait **souffrir** tant de femmes et d'hommes qui ont besoin qu'on s'occupe d'eux et pas des guerres de partis. Nous n'en sortirons pas sans un changement profond. Ceux-là, ces millions de citoyens ont voulu qu'on ne raconte pas d'histoire au pays, que l'on ne fasse pas de fausses promesses, qu'on les regarde comme des citoyens, c'est-à-dire comme des responsables. **Cette espérance que nous avons fait naître, j'en ai la charge,** je ne l'abandonnerai pas, ni une minute, ni une seconde pendant les jours, les semaines et les mois qui viennent. **J'aime cette espérance.** Je mettrai

13

> toutes mes forces à rénover la politique française. **Je l'ai rénovée hier, je la rénoverai demain. Je n'abandonnerai aucune de ces convictions. Je ne reviendrai pas en arrière.**
>
> [...] Toutes les décisions que je serai amené à prendre dans les jours qui viennent, toutes les positions que nous adopterons, seront inspirées par cette seule conviction : la nouvelle politique est en train de naître, **cette espérance est grande et juste, et personne, vraiment personne ne l'arrêtera.**
>
> Je vous remercie. »

Le *« mal de la France »*, et non « le mal français » : la France est personnifiée ; *« je vous le dis »* ; l'emploi du verbe « souffrir » ; la condamnation des fausses promesses ; l'allusion répétée à l'espérance ; le serment de fidélité… nous sommes dans le registre du dolorisme, de l'ordre moral et de la prédication qui se combine avec des accents gaulliens de dénonciation de la guerre des partis. On croirait entendre Jeanne d'Arc appelant les « partis » de France à se mobiliser contre les *Angloys* !

Même son de cloche, si l'on peut dire, chez Nicolas Sarkozy, qui aura fait feu de tous tons pendant sa campagne. Après un début classique comprenant une invitation au débat… :

> « Je veux dire à Madame Royal que je la respecte et que je respecte ses convictions et que je souhaite que le débat de ce second tour soit véritablement un débat d'idées. »

… Le candidat UMP se lance dans une invocation couronnée par un tableau apocalyptique très en vogue chez certains auteurs « déclinistes » :

> « J'ai voulu parler à ceux auxquels on ne parlait plus, aux travailleurs, aux ouvriers, aux employés, aux artisans, aux agriculteurs, à la France qui donne beaucoup et qui ne reçoit jamais rien, à la France qui est exaspérée et qui **souffre**, celle des banlieues **en difficulté**, des bassins industriels **en déclin**, des cantons ruraux **abandonnés**. »

Suit une synthèse de sa « promesse », laïcisée puisqu'elle insiste sur le bonheur de l'individu et non du groupe :

« J'ai voulu mettre au cœur de la politique des valeurs comme l'identité nationale, l'autorité, le travail, le mérite. J'ai voulu parler de morale. J'ai proposé la revalorisation du travail, l'école de l'excellence, la moralisation du capitalisme financier, la révolution du développement durable. J'ai dit que ma priorité était de **donner à chacun le moyen d'accomplir ses rêves, de réaliser ses ambitions, de réussir sa vie.** »

Suit l'engagement solennel de les sauver des malheurs qui les menacent et/ou les accablent :

« Ces principes sont le fondement de mon projet politique. Quels que soient les obstacles, **je n'y renoncerai pas, je ne les renierai pas** parce que je suis profondément convaincu que l'avenir de notre pays, sa prospérité, sa place dans le monde en dépendent. Comme en dépend le bonheur des Français. Dans les 15 jours qui restent avant le second tour, je veux dire à **tous les Français qui ont peur de l'avenir, qui se sentent fragiles, vulnérables, qui trouvent la vie de plus en plus lourde, de plus en plus dure, que je veux les protéger. Je veux les protéger** contre la violence, contre la délinquance, mais aussi contre la concurrence déloyale et les délocalisations, contre la dégradation de leurs conditions de travail, contre l'exclusion. [...] **Je veux parler à tous ceux que la vie a brisés, aux accidentés de la vie, à ceux qu'elle a usés, à ceux qui sont dans la détresse. Je veux parler aux malades, aux handicapés, aux personnes âgées,** à ceux qu'une pression trop forte a épuisés, à ceux qui ont trop souffert. »

Et l'on retrouve la classique « espérance » renforcée par la fraternité :

« **Je veux leur redonner de l'espérance. Je veux leur dire que la France dont je rêve est une France qui ne laisse tomber personne, une France qui est comme une famille où le plus faible, le plus vulnérable, le plus fragile a droit à autant d'amour, autant de respect, autant d'attention que le plus fort** [...]. Cette **France fraternelle,** c'est celle qui m'a tout donné. Je lui dois tout. Et à mon tour je veux tout lui rendre. **Cette France fraternelle** j'invite tous les Français de bonne volonté, quels que soient leurs origines, leurs croyances, leurs partis à s'unir à moi pour qu'ensemble nous puissions la bâtir. Vive la République ! Vive la France ! »

« Nous avions avec Bayrou un christianisme républicain, commente Alain-Gérard Slama[1] avec son sens des formules brillantes, *nous rencontrons avec Sarkozy un républicanisme chrétien. »*

Mais c'est Ségolène Royal qui, si l'on peut dire toujours, décroche la palme, non du martyr mais de l'évangéliste[2] ; chez elle aussi, écho du déclinisme :

> « Je veux une France qui renoue avec l'idéal de la République des lumières, les droits de l'homme et de la femme et de la citoyenneté qui ont fait sa force et sa beauté. **Venez hommes et femmes de France de tous âges, de tous milieux, de tous territoires et de toutes origines, venez ; forces vives de notre belle nation, venez,** serrons-nous les coudes, ensemble nous allons rendre le sourire à notre pays, ensemble nous allons conjurer les mauvais démons de la déprime et du déclin.

> Chers compatriotes, rassemblons-nous, ce sont nos idées, notre idéal, qui vont gagner car elles sont au service de la France et des Français, **de la paix civile et de l'harmonie sociale.**

> **J'appelle toutes les énergies et l'espérance à se mettre en mouvement pour une France victorieuse,** une France présidente, fière d'elle-même pour que les Français s'aiment en elle.

> Notre victoire est possible car l'audace et la générosité sont là, c'est une question de volonté et de cohérence, je les ai. J'ai besoin de vous parce que la France a besoin de vous.

> Vive la République vive la France. »

---

1. Au micro de France-Culture dans sa stimulante chronique quotidienne. L'auteur de ce petit opuscule, qui regarde fort peu la télévision, et surtout pas les soirs d'élection, le remercie de cette chronique qui lui a permis de découvrir avec stupeur ces accents de *reconquista*.

2. Pour une analyse des discours de campagne à partir d'un très ingénieux « carré sémiotique des modes d'ancrage », voir le modeste mais captivant opuscule de Denis Bertrand, Alexandre Dézé et Jean-Louis Missika, *Parler pour gagner*, Presses de Sciences Po, mars 2007. De même, on consultera avec profit le livre de Christian Salmon, *Storytelling*, La Découverte, 2007 : l'auteur y analyse la propension des politiques à « raconter des histoires » sur le modèle du marketing.

« Déferlement de pathos », conclut Slama. Les trois sont, à notre goût, à la même enseigne de ce point de vue. Et, pas loin derrière, Jean-Marie Le Pen, à Valmy, qui sert à son auditoire un *mix* de Jésus et de Pascal :

> **« En vérité je vous le dis,** dans sept mois, c'est-à-dire demain, il s'agira de vaincre ou de périr, de se relever ou de se soumettre.
>
> **Car je vous le dis en vérité,** nous avons tout à gagner et qu'avons-nous à perdre ? »

Variez le ton mais gare aux sorties de route

Il est difficile, surtout quand un discours est long, de ne jouer que d'un seul ton : c'est évidemment le cas de l'exposé. Combien de machins interminables, atrocement ennuyeux l'auteur de ces lignes n'a-t-il pas dû lire pour préparer ce petit ouvrage ! Il est donc primordial de varier le ton. Gare cependant aux ruptures brutales, ou de mauvais goût. Ainsi ce discours prononcé par le président de l'Assemblée nationale, Jean-Louis Debré, souvent plus inspiré, à l'occasion de l'inauguration d'une statue de Jean Moulin à Béziers en décembre 2004[1] :

> « Ces mêmes drapeaux glorieux de nos armées nous entourent aujourd'hui à Béziers. Dans quelques instants, leur mât va s'incliner et je rends hommage aux hommes et aux femmes qui les portent. Je salue l'héroïsme et le courage de tous les membres de cette armée de l'ombre qui a, dans le sillage de Jean Moulin, permis à la France **d'être assise à la table des vainqueurs.** »

Tout allait plutôt bien : le ton était grave, noble (*« glorieux »*, *« aux hommes et aux femmes »*, *« l'héroïsme et le courage de tous »*, *« armée de l'ombre »*) et soudain, à la fin de la phrase, une trivialité qui vient briser l'élan lyrique : *« être assise à la table des vainqueurs »*. On ne

---

1. Nous reviendrons à plusieurs reprises sur ce discours, au demeurant très intéressant pour la série de tours rhétoriques qu'il utilise (disponible sur le site de l'Assemblée nationale).

pouvait trouver pire chute : « *assise à la table* ». La phrase suivante souffre du même mal :

> « À travers Jean Moulin, c'est la France du redressement national que nous honorons aujourd'hui, la France de la lutte dans l'honneur, une France qui ne renonce pas et **qui tourne le dos à la défaite.** »

Ton héroïque : « *C'est la France/la France de/une France qui* » et soudain, cette fin piteuse : « *qui tourne le dos à la défaite* ». « Pour aller où ? », a-t-on envie de demander. Une France qui « *tourne le dos* » et se retrouve « *assise à la table des vainqueurs* »…

Le ton héroïque ne souffre pas la médiocrité, c'est là le drame.

De la tenue avant toute chose

Quel que soit l'effet recherché, il pourrait tomber à plat si le français est massacré, si les mots sont impropres. Les exemples seraient foule. Un entre mille : « alibi ».

On connaît le sens de ce mot (« ailleurs ») venu du latin et qui en est venu à signifier « *ruse illégitime pour échapper à une condamnation* ». Pourquoi pas, après tout ? Le français évolue et c'est très bien. Mais dans cette citation, le mot a perdu tout sens identifiable :

> « … il n'est pas vrai que le savoir soit d'abord l'alibi du pouvoir. Rompons avec cette théorie vaseuse. Partons à l'assaut de la connaissance, pour conquérir notre liberté.[1] »

Le savoir, alibi du pouvoir ? On comprend que l'orateur trouve l'idée vaseuse ! Mais il est loin d'être le seul à employer des mots ou des formules à tort et à travers. Passe encore quand on dit des sottises dans le feu de l'improvisation, mais quand les discours sont écrits, c'est proprement intolérable.

---

1. Jean-Pierre Chevènement, entretien au *Monde*, 1983, cité in Suhamy.

Autre source de ridicule : la volonté forcenée de coller aux modes langagières, surtout chez des gens connus pour leur sérieux papal. Ainsi cette préfète de région qui vient inaugurer, par un bon discours très structuré – comme elle sait les faire d'ordinaire[1] –, une base de loisirs et qui se sent obligée de « causer tendance » :

> « Axo'plage invente **un nouveau concept** de loisir et de détente, entre les centres touristiques classiques et les initiatives citadines de plages urbaines à Saint-Quentin ou Paris. De ce fait, Axo'plage **est un nouvel espace de rencontre et découverte mutuelle.** C'est plus qu'une base de loisirs, **c'est une sorte de portail vers de nouvelles manières d'être ensemble.**[2] »

On dirait une mauvaise plaquette de pub rédigée par des élèves en première année de marketing.

Autre source de ridicule : les phrases alambiquées, la syntaxe massacrée. Soit cet extrait d'un discours d'un préfet inaugurant un central téléphonique :

> « Dans ce contexte, la prise en charge d'un appel, l'apport d'une réponse précise, un entretien de bonne qualité **valorisent** l'image de votre service et **permet** également des gains de productivité.[3] »

Trop souvent la structure des phrases est sacrifiée au profit de la succession de mots à la mode, comme si l'on considérait inconsciemment que le mot suffit à l'édification des masses, et que la phrase n'est qu'ornement superflu, excellence d'instituteurs.

Autre exemple, du même orateur :

> « ... c'est un défi qu'il nous appartient de relever et de gagner ensemble. »

---

1. Voir table www.aisne.pref.gouv.fr/2007/discours/
2. Préfète de l'Aisne, 7 juillet 2007 (www.aisne.pref.gouv.fr/2007/discours/).
3. Jean-Jacques Debacq, *préfet de l'Orne*, à l'occasion de la présentation du nouveau service téléphonique de la CAF de l'Orne, 21 juin 2001.

« *Relever un défi* », certes, mais « *gagner un défi* » ? L'orateur tenait certainement à glisser le mot « gagner » qui lui semblait suffisant. Quant à le rattacher correctement à ce qui le précède…

On trouve des bévues si souvent que les recenser occuperait des armées d'analystes à temps complet. Ainsi chez Jean-Louis Debré :

> « Nous avons pleinement conscience des efforts que vos pays ont dû accomplir pour satisfaire aux critères politiques et économiques très élevés exigés par l'adhésion : **le chemin** que les États membres ont parcouru en plusieurs décennies, **vous l'avez franchi** en une décennie à peine.[1] »

« *Franchir un chemin* » ? M. Debré n'a peut-être pas voulu répéter « parcouru ». Dommage : mieux vaut une répétition qu'une impropriété. Il aura peut-être voulu jouer sur la vivacité de « franchi ». Chacun jugera (voir plus bas sur cette question des licences).

Évitez de « c… du marbre » mais ne tombez pas dans la facilité

Dans *Amadeus*, le génial film de Milos Forman sur Mozart, on voit et entend le bouillonnant « divin » reprocher à des personnages d'opéra de « chier du marbre », en l'occurrence de ne rien dire qui ne soit de grave et noble tenue. Dans un registre un peu plus relevé, Hugo avait appelé à « *mettre un bonnet rouge au vieux dictionnaire* » :

> « Et sur l'Académie, aïeule et douairière,
> Cachant sous ses jupons les tropes effarés,
> Et sur les bataillons d'alexandrins carrés,
> Je fis souffler un vent révolutionnaire.
> Je mis un bonnet rouge au vieux dictionnaire.
> Plus de mot sénateur ! plus de mot roturier ![2] »

---

1. Allocution introductive à la réunion avec les présidents d'Assemblées des dix nouveaux États membres de l'Union européenne, 3 décembre 2003.
2. Victor Hugo, *Les Contemplations*.

Votre discours, pourvu que la circonstance s'y prête, peut gagner à des moments d'un ton détendu voire légèrement familier. C'est en tout cas ce que tente le président d'Air France-KLM, Jean-Cyril Spinetta[1] :

> « Tout comme ceux qui m'ont précédé à cette tribune, je suis très heureux de pouvoir m'exprimer aujourd'hui sur la responsabilité environnementale. Beaucoup de choses très intéressantes ont déjà été dites. Le point positif est que **nous sommes sur la même longueur d'ondes.** »

C'est un moyen de signifier à ses auditeurs que l'on parlera franchement. On peut même se permettre une pointe de familiarité si la circonstance s'y prête, à la façon de François Bayrou dans les exemples qui suivent :

> « Nous, nous sommes des démocrates et, pour nous, cela signifie étymologiquement que c'est le peuple qui décide, que c'est le peuple des citoyens qui a le pouvoir de dessiner la démocratie comme elle. En vérité, mon élection, pour tous ceux-là qui sont en place depuis si longtemps et qui veulent demeurer en place, est, on le voit bien maintenant, pour parler simplement, la **"loi de l'emmerdement maximum".**[2] »

> « Non, ce n'est pas juste, car ce sont les plus faibles qui, naturellement, vont « **trinquer** » […][3]. »

> « La question qui doit être la nôtre est celle-là : comment faire pour que, lorsqu'il y a des délocalisations, les personnes **ne se retrouvent pas sur le carreau,** abandonnées comme elles le sont aujourd'hui ?[4] »

Ou Emmanuel Millan[5] :

> « Au-delà des "approximations sémantiques" de sa campagne électorale et de son art interprétatif de la pensée du Général De Gaulle, Jacques Chirac aura été l'acteur principal de tous les abandons, le

---

1. Discours de Jean-Cyril Spinetta au sommet IATA sur l'environnement et le transport aérien, 18 mars 2005 (www.airfrance.com/double6/file/Y1/ file_Y1.nsf/(Lookup)/fr-DISCOiata_fr/$file/iata_fr.pdf).
2. F. Bayrou, discours de Pau, 20 avril 2007.
3. F. Bayrou, discours de Japy, 5 juin 2007.
4. F. Bayrou, Noyelles-Godault, 10 avril 2007.
5. Emmanuel Millan, membre du Bureau national du RPF, Agen, 1er décembre 2000.

fossoyeur de l'indépendance d'une France souveraine. Soyons francs : dissolution ridicule et, de surcroît, ratée, Traité d'Amsterdam en attendant celui de Nice, viols multiples de la Constitution, processus corse, que cette présidence est médiocre ! Certes, Chirac a d'ores et déjà réussi un pari impensable et indigne : **faire du RPR l'association officielle des cocus du gaullisme !** »

Dans le même esprit, on peut se permettre toute une série d'interjections, de petites formules, qui permettent de « marquer le contact » avec son auditoire. C'est ainsi que François Bayrou, dans son discours de Pau, recourt plusieurs fois à « voyez-vous » :

> « **Voyez-vous**, je pense que la crise que traverse la France aujourd'hui est la plus grave que notre pays ait traversée depuis la Libération, car elle touche tous les aspects de la vie.
>
> **Voyez-vous**, j'ai beaucoup réfléchi aux raisons qui font que, en France, comme on le dit si souvent, chaque fois qu'il y a une réforme, les personnes se retrouvent dans la rue et que cette réforme avorte, que l'on est obligé de faire marche arrière.
>
> Mon troisième engagement, c'est de m'occuper de vous car, **voyez-vous**, tout ce temps perdu dans les combats, toute l'énergie gaspillée, elle n'a pas été utilisée pour vous et vous le voyez bien, on a besoin de s'occuper d'une politique – je ne sais pas si elle est de Droite ou de Gauche. Je suis certain qu'elle est nécessaire. »

Dans le même ton, François Bayrou utilise d'autres petits trucs, tous destinés à susciter le même sentiment de « proximité » – mot utilisé aujourd'hui jusqu'à la nausée :

> « **Eh bien**, je suis décidé à conduire cette révolution, car elle est bienfaisante pour la France. »
>
> « C'est pourquoi cette idée simple, quand il s'agit de reconstruire un pays, comme lorsqu'il s'agit de reconstruire une maison, **eh bien**, on décide de réunir toutes les personnes compétentes, de bonne volonté, capables de travailler ensemble. »
>
> « **On** mettra en place un plan de lutte contre l'exclusion. »
>
> « **On** n'est pas ici dans les meetings où l'on fait, tous les soirs, siffler les RMIstes. »
>
> « **Moi, je** veux que, désormais, chaque Français sache que, sur les sujets essentiels [...] »

« **Moi, je** veux la France en sécurité. »

« Et c'est à cela, mes chers amis, que sert le Parlement de la République. S'il **y a** des députés, c'est pour qu'ils puissent faire des remarques et changer les textes qu'on leur soumet et le faire librement.

Il y a beaucoup de débats au sein du peuple français, **il va y avoir** beaucoup de débats au sein du peuple français sur une deuxième idée, en effet, qui faisait partie des promesses de Nicolas Sarkozy, idée sur laquelle nous avons le devoir d'examen, d'esprit critique, d'avoir une réflexion pour savoir si elle est juste ou pas. [1] »

Tout cela se justifie par la volonté de rester simple : une analyse syntaxique des discours de M. Bayrou montrerait d'ailleurs qu'il s'efforce d'avoir une langue aussi simple que possible, qu'il fuit les complexités de construction et les formulations élaborées. Quelques exemples entre cent[2] :

« Si nous sommes, l'Europe, un grand espace économique, un grand espace commercial, **alors, il faut que** nous soyons capables de faire respecter les obligations que nous avons fixées, surtout à l'égard des très grandes entreprises **qui font du commerce** sur notre sol. »

« La France est à la queue de l'Europe pour son niveau d'emplois, mais **tout le monde n'est pas égal face au chômage.** »

« Je ne sais pas quelle stratégie il faut choisir, mais, pour moi, je souhaite que nous ayons, en France, une réflexion sur la manière dont **on donne des stock-options,** comme l'on dit, la manière dont **on donne les parachutes dorés,** la manière dont on garantit des sorties faramineuses, même en cas d'échec, à la tête de l'entreprise. »

« Nous allons avoir la démonstration grandeur réelle. Nous allons voir qui a raison [...]. »

« Évidemment, si nous sommes tout seuls, la France, à poser cette question, les Chinois vont simplement nous faire un petit clin d'œil en nous expliquant que, si nous continuons à parler sur ce ton, **nos Airbus, on va pouvoir les garder !** – j'allais employer une expression plus **rapide** – ou bien que les centrales nucléaires qu'ils ne nous ont

---

1. Japy, 5 juin 2007.
2. Noyelles-Godault, 10 avril 2007.

d'ailleurs pas achetées, ils vont renoncer pour toujours à la possibilité de les accueillir ou bien que, nos voitures, nous allons devoir les garder. »

L'art de « parler peuple » ! L'essentiel est de donner le sentiment, comme il le dit lui-même *« que nous nous rencontrions dans cette ambiance familiale*[1] », quitte, à l'occasion, à tomber dans le charabia :

> « Cette réflexion sur : comment passer un cap difficile ? C'est **une réflexion au pied de laquelle** il faut mettre l'ensemble des organisations syndicales et patronales. [2] »

Olivier Besancenot, quant à lui, choisit un ton très combatif qui multiplie les recours à un style parlé franc et direct mais sans pour autant adopter un style général rudimentaire[3] :

> « **Notre premier boulot**, dans le cadre de cette campagne, c'est de faire de la question sociale une question incontournable. [...]
>
> Les sujets ne manquent pas tant **la droite au pouvoir et le Medef nous en mettent plein la tête** tous les jours ! Le patronat licencie des dizaines de milliers de travailleurs, comme chez Peugeot ou à EADS-Toulouse. Son seul critère de décision, **c'est le fric**, ses profits. [...]
>
> De lui comme de Chirac et de Villepin, **ces zélés serviteurs du Medef, on en a soupé.** Alors il faut tous ensemble s'en débarrasser, c'est une mesure de salubrité publique. **Il faut shooter la droite** sans l'ombre d'une hésitation. Mais il faut le faire sans illusion aucune sur la politique de la direction du PS. Nous n'avons pas le même "désir d'avenir" que les candidats à la candidature du PS car **ils incarnent une gauche qui s'aplatit dès que le Medef fronce les sourcils**, une gauche dont la politique est génétiquement modifiée en politique de droite dès qu'elle arrive au pouvoir. [...] »

---

1. Noyelles-Godault, 10 avril 2007.
2. Noyelles-Godault, 10 avril 2007.
3. Déclaration de candidature, 15 octobre 2006.

Inversement, on évitera les constructions si savantes que certains auditeurs pourraient bien « ne pas percuter » tout de suite. J'emprunte un exemple entre cent au général de Gaulle dont le français châtié est souvent intellectuellement, syntaxiquement et doctoralement stimulant mais oralement un poil risqué :

> « La question de savoir si la puissance totale de ses armes équivaudra à la puissance totale des armes de l'adversaire éventuel, et la question de savoir si notre pays pourrait mener un conflit mondial sans alliances – aucune réponse autre que négative ne pouvant, évidemment, être faite à ces deux questions – ne changent absolument rien à la nécessité élémentaire où nous sommes d'avoir en propre un armement nucléaire, de l'employer, le cas échéant, comme cela nous paraîtra le mieux et, bien entendu aussi, de conjuguer l'emploi de ces armes avec celles des armes analogues de nos alliés dans le cadre de l'effort commun.[1] »

Du même, coutumier du fait :

> « Quant à nous, nous déclarons que malgré quelques progrès réalisés par rapport au précédent, le projet de Constitution qui a été adopté la nuit dernière par l'Assemblée nationale ne nous paraît pas satisfaisant. Nous-même, d'ailleurs, serions surpris qu'en fussent aucunement satisfaits beaucoup de ceux qui l'ont voté pour des raisons bien éloignées, sans doute, du problème constitutionnel lui-même. Car, c'est une des caractéristiques étranges de la vie politique d'aujourd'hui que les questions s'y traitent, non dans leur fond et telles qu'elles se posent, mais sous l'angle de ce qu'il est convenu d'appeler la "tactique" et qui conduit parfois, semble-t-il, à abandonner les positions qu'on avait juré de défendre. Mais nous, qui ne pratiquons point un art aussi obscur et qui pensons, au contraire, que pour la France rien n'est plus important que de restaurer au plus tôt l'efficience et l'autorité de l'État républicain, nous estimons que le résultat acquis ne peut être approuvé parce qu'il ne répond pas aux conditions nécessaires.[2] »

---

1. Allocution à l'École militaire, 15 février 1963.
2. Épinal, 29 juin 1946 (www.gaullisme.free.fr/DGEpinal.htm).

Heureusement qu'on ne fait pas d'« interro » juste après ! Si, comme il le dit lui-même dans le même discours, *« la clarté et la fermeté [...] sont toujours les habiletés suprêmes »*, on évitera ce genre de pièce montée.

Dernier exemple, pour la bonne bouche, mais emprunté à un discours de Marc Cheymol, plus récent :

> « Les études créoles ont partie liée avec la Francophonie, non seulement parce qu'elles ont été, au sein de la Francophonie, le bataillon avancé de la diversité linguistique à une époque où l'on n'en parlait pas encore, à un moment où la Francophonie était conçue comme l'espace de propagation du seul français, non seulement parce qu'historiquement les études créoles et la Francophonie résultent de ce qui s'est passé dans le creuset douloureux de la colonisation, mais surtout parce que les Études créoles – et ce sera ma deuxième conclusion – apportent à la Francophonie une véritable pensée du lieu et du temps, comme on l'a vu à propos de la littérature mais aussi à propos des réseaux de communication électronique.[1] »

Belle construction – dans un discours au demeurant fort bien et fort audiblement structuré – mais qui exige des auditeurs une attention soutenue.

Ne vous présentez pas comme la huitième merveille du monde

Dans la même perspective d'adoption d'un ton relativement détendu, voire complice, on peut servir une figure déjà rencontrée, la figure de modestie ou « chleuasme » :

- « Moi qui n'ai pas fait d'études longues… »
- « Je vais peut-être proférer une sottise mais… »
- « Je suis peut-être idiot mais… »

---

1. Discours de clôture du Xe Colloque international d'études créoles, île de La Réunion, 29 octobre 2002.

« Mais c'est aussi un aveu d'incompétence, commente Olivier Reboul[1], *qui vous place au-dessus des compétences, qui vous confie la "super-compétence" des simples, des innocents, des bons… »* C'est là un vieux tour toujours redoutable : il suppose de l'humour et une capacité certaine à jouer les candides, ce qui reste, et de loin, la meilleure manière d'éviter le débat ! Ou de l'éviter pour mieux, ensuite, surprendre ses interlocuteurs en manifestant ses lumières dans le domaine. On comprend donc que ce chleuasme soit un tour tout en esquives et en possibles leurres.

Cette figure de modestie est aussi utilisable pour solliciter l'indulgence d'un auditoire quant à tel ou tel développement. Ainsi Victor Hugo :

> **« Veuillez me permettre ici quelques détails sur le milieu dans lequel s'écoula la jeunesse de M. Lemercier.** Ce n'est qu'en explorant les commencements d'une vie qu'on peut étudier la formation d'un caractère. Or, quand on veut connaître à fond ces hommes qui répandent de la lumière, il ne faut pas moins s'éclairer de leur caractère que de leur génie. Le génie, c'est le flambeau du dehors ; le caractère, c'est la lampe intérieure.[2] »

Ou par rapport aux prétentions que l'on formule. Ainsi François Bayrou :

> **« C'est une révolution et une révolution sans risques, avec un Président – pardon de dire cela de moi, mais je crois que c'est vrai –** équilibré, modéré, qui aime la France plus qu'il n'aime le pouvoir. Je ne suis pas assoiffé de pouvoir.[3] »

Mais il peut aussi être plus élaboré, plus retors encore. Ainsi Hugo dans son discours de réception, évoque Napoléon et la soumission dont se rendirent coupables nombre de beaux esprits :

---

1. Olivier Reboul, *La rhétorique*, coll. « Que sais-je ? » PUF, 1991.
2. Discours de réception à l'Académie française.
3. Pau, 20 avril 2007.

« **À Dieu ne plaise que je prétende jeter ici le blâme** sur les esprits moins sévères qui entouraient alors le maître du monde de leurs acclamations ! Cet homme, après avoir été l'étoile d'une nation, en était devenu le soleil. On pouvait sans crime se laisser éblouir. Il était plus malaisé peut-être qu'on ne pense, pour l'individu que Napoléon voulait gagner, de défendre sa frontière contre cet irrésistible envahisseur qui savait le grand art de subjuguer un peuple et qui savait aussi le grand art de séduire un homme. **Que suis-je, d'ailleurs, Messieurs, pour m'arroger ce droit de critique suprême ? Quel est mon titre ? N'ai-je pas bien plutôt besoin moi-même de bienveillance et d'indulgence** à l'heure où j'entre dans cette compagnie, ému de toutes les émotions ensemble, fier des suffrages qui m'ont appelé, heureux des sympathies qui m'accueillent, troublé par cet auditoire si imposant et si charmant, triste de la grande perte que vous avez faite et dont il ne me sera pas donné de vous consoler, confus enfin d'être si peu de chose dans ce lieu vénérable que remplissent à la fois de leur éclat serein et fraternel d'augustes morts et d'illustres vivants ? »

Être ou ne pas être bref

Un discours est souvent un exposé, et cet aspect n'est pas le plus propice aux figures rhétoriques et aux effets de manche. On prendra simplement quelques précautions de bon sens.

Il est très courant que l'orateur qui ne veut pas désespérer son auditoire annonce qu'il sera bref, et c'est très bien ainsi. L'ennui, c'est qu'il faut alors l'être réellement, au risque de lasser son auditoire d'autant plus gravement qu'on lui avait promis une rapide délivrance.

Annoncer la brièveté, c'est s'obliger à une relative concision, à des allusions, à des esquisses, etc. Quiconque s'annonce bref et se jette à corps perdu dans des « *discours copieux à rebuter un sourdingue* »[1] se discrédite immanquablement.

---

1. Boualem Sansal, *Le Serment des barbares*, Gallimard, 1999.

Sans entrer ici dans une analyse approfondie de la prise de parole en public, il nous semble cependant important de préciser ceci : le temps psychologique de l'orateur n'est pas celui des auditeurs. Un orateur a toujours le sentiment qu'il n'en dit pas assez, alors que l'auditoire a le sentiment, de son côté, qu'on l'assomme de platitudes interminables et d'oiseuses considérations. Aussi, si l'orateur a le sentiment d'avoir été trop court, c'est plutôt bon signe.

Soit le discours du directeur d'école, M. Marc Daniel[1], partant à la retraite, déjà cité plus haut :

> « Rassurez-vous, je ne vais pas profiter de cette occasion unique pour vous infliger un discours long et indigeste. Je vais essayer de faire bref. »

Et il a tenu sa promesse. Moins heureux auront été les élus d'un département à qui le préfet local présentait « le rapport d'activité des services de l'État » (voir plus haut) dans son fief :

> « Présenter succinctement l'activité annuelle des services de l'État dans le département est une entreprise que je ne peux concevoir sous l'angle de l'exhaustivité. »

Que ceux qui ont compris lèvent le doigt… Un tel galimatias montre que l'auteur ne se soucie que de mettre ensemble des mots qui sonnent bien (« *succinctement* », « *exhaustivité* ») sans pousser plus avant le soin de la mise en place. Syntaxe, connais pas.

Que l'on dise :

* « Je vais faire court puisque vous disposez par ailleurs d'un document écrit très complet… »
* « Je serai long et je vous prie de m'en excuser mais la nature et la qualité de nos relations m'y autorisent… »

… Mais que l'on annonce la couleur sans se perdre dans des dédales charabiesques.

---

1. Discours de départ à la retraite, le vendredi 23 juin 2000.

D'autant qu'en l'espèce, la suite sera pire que l'ouverture ; en effet, l'auditoire aura été régalé de digressions :

> « J'aimerais à cet égard insister sur la méthode... »

Ou de précisions et autres méditations d'orateur solitaire :

* « Je vais vous dire ma conviction... »
* « Je ne peux pas vous cacher quelques inquiétudes à cet égard... »

Un vrai festival. Le pire, c'est que ces formules ne sont pas stupides en soi ; c'est rapportées à un discours interminable et mortel qu'elles en deviennent meurtrières.

Le plus drôle, c'est qu'à la fin de son pensum le même convie ses auditeurs à poser d'« éventuelles questions » ! On imagine difficilement que ceux qui ne sont pas morts d'ennui osent encore se manifester, tout soucieux d'éviter des réponses également interminables et des regards haineux de la part de ceux qui croyaient pouvoir enfin s'éclipser...

Ne perdez pas vos auditeurs en chemin

Écrire et prononcer un discours pose un problème aigu, celui de la structure, ou plutôt de son « audibilité » – par les auditeurs ; autant il est simple, en effet, de parcourir un texte des yeux pour en saisir la composition, autant cette méthode est impossible avec un discours que l'on entend : on ne peut – et c'est bien gênant, souvent – survoler ce qui va être dit. Pour l'orateur, cela impose de rendre aussi claire que possible la structure de son discours.

Il convient donc d'insister sur la nécessité de rendre le plan aussi « audible » que possible, surtout pour des discours « pédagogiques ».

C'est ce que fait Thierry Breton, ministre de l'Économie, des Finances et de l'Industrie, dans un discours[1] que nous ne reproduisons évidemment pas mais dont nous mettons en valeur certaines chevilles :

> « Je retire pour ma part de ces travaux **trois conclusions** :
>
> **1re conclusion** : nous avons devant nous un immense travail de pédagogie à faire ! [Développement : …]
>
> **2e conclusion** : porter notre croissance à 3, 4 % par an, c'est possible ! [Développement : …]
>
> **3e conclusion** : il y a des décisions rapides à prendre pour développer les facteurs immatériels de la croissance. [Développement : …]
>
> Je vais vous donner **deux autres exemples**, parmi une dizaine d'autres qui suivront dans les prochaines semaines. […]
>
> **1er exemple** d'action, suivant les recommandations « Lévy-Jouyet » pour favoriser la création et l'innovation françaises : la modernisation du label « made in France ». [Développement : …]
>
> **2e exemple** d'action, afin de replacer la France en tête de la course aux innovations technologiques : un nouveau pôle de compétitivité du logiciel libre et de l'open source. [Développement : …] »

On peut au besoin « ramasser » ses propos en des conclusions partielles, en des pauses :

> « Voilà pour les trois points que je tenais à développer devant vous : 1, 2 et 3… Maintenant, en guise de conclusion, je dirai que…, etc. »

Ainsi François Bayrou, à Pau[2]. Il présente ses engagements qu'il détaille parfois longuement ; à la fin de chaque phase, il marque la transition :

Ouverture de phase :

> « Mon deuxième engagement est de restaurer la démocratie dans notre pays, de faire de la République décomposée que nous avons

---

1. Remise des travaux de la Commission sur l'économie de l'immatériel, « Réinventer notre modèle de croissance », Bercy, 4 décembre 2006.
2. Discours du 20 avril 2007.

sous les yeux, une démocratie respectable, de retrouver les règles qui sont bafouées au point que cela fait honte à la France. »

Clôture de phase :

« C'était le deuxième, faire respecter les règles élémentaires qui sont bafouées en France. »

Ouverture de phase juste après :

« Mon troisième engagement, c'est de m'occuper de vous car, voyez-vous, tout ce temps perdu dans les combats, toute l'énergie gaspillée, elle n'a pas été utilisée pour vous et vous le voyez bien, on a besoin de s'occuper d'une politique – je ne sais pas si elle est de Droite ou de Gauche. Je suis certain qu'elle est nécessaire. »

Clôture de phase :

« Mon troisième engagement était m'occuper de vous. »

Ouverture de phase :

« Mon quatrième engagement est de porter la voix de la France aussi haut et aussi loin qu'elle doit l'être. »

Clôture de phase (pas assez explicite à notre goût car le développement était long et assez ennuyeux, et l'auditoire a pu perdre le fil) :

« Porter la voix de la France haut et loin. »

Exemple plus ancien, Charles de Gaulle à Strasbourg en 1947, n'hésite pas à faire une quasi-annonce de plan :

« Car ces problèmes sont d'une dimension, d'une complexité, d'une urgence qui ne leur laissent rien de commun avec ceux que la France traitait autrefois, bien assise sur sa richesse, au milieu d'un monde nettement connu et défini. Maintenant, c'est de tout qu'il s'agit et de tout à la fois ! **L'action économique, l'action sociale, l'action impériale, l'action extérieure,** pour ne parler que des sujets les plus volumineux et les plus apparents, nous appellent et nous pressent, tandis que nous zigzaguons sur un chemin bordé d'abîmes.

Action économique ? En valeur absolue nous avons perdu, par le fait de la guerre, la moitié, de notre fortune nationale. [...]

Action sociale ? Faudra-t-il donc que nous demeurions dans cet état de malaise ruineux et exaspérant où les hommes qui travaillent ensemble à une même tâche opposent organiquement leurs intérêts et leurs sentiments ? [...]

Action impériale ? Parce que nous fûmes capables d'ouvrir au progrès moderne des contrées qui, auparavant, végétaient dans les abus, la misère, l'anarchie, [...]

Action extérieure ? Nous nous trouvons, désormais, dans un univers entièrement différent de celui où notre pays avait vécu pendant des siècles. [...] »

Soignez l'architecture de vos paragraphes

Un même soin peut être apporté à la structure des paragraphes, notamment en exploitant une rhétorique courante en dissertation qui revient à formuler une idée et à la faire suivre de trois ou quatre arguments solidement articulés. Ainsi le général de Gaulle dans son discours sur la réforme régionale à Lyon[1] :

« Or, dans l'hexagone fameux où l'histoire et la géographie ont placé l'essentiel de la substance française, la région du Rhône et des Alpes comporte, tout justement, d'exceptionnelles conditions de progrès. [Idée]

Cela tient, d'abord, [argument 1] à tout ce qui, d'ores et déjà, s'y trouve à l'œuvre, quant aux usines, ateliers et métiers, quant aux sources d'énergie, quant aux activités de pointe, quant aux ressources agricoles, forestières et touristiques, quant aux idées et découvertes issues des facultés et des laboratoires.

Cela tient, ensuite, [argument 2] à la belle et bonne Saône et au Rhône fort et bouillonnant dont le sillon forme, d'un bout à l'autre, un axe unique et direct.

Cela tient, encore, [argument 3] au fait que cette grande communication, prolongée, d'une part, par le cours du Rhin dont aucun obstacle considérable du relief ne la sépare et débouchant, d'autre part, vers Marseille, est naturellement désignée comme la principale artère par laquelle l'Europe moderne va relier les mers du Nord à la Méditerranée.

---

1. Le 24 mars 1968.

> **Cela tient, enfin,** [argument 4] aux parcours plus commodes et plus rapides qui, à mesure que l'on parvient à traverser les massifs alpins, peuvent joindre entre eux les bassins du Rhône et du Pô. »

De Gaulle encore, à un autre moment[1] :

> « Dans une pareille situation, placés là où nous le sommes, le maintien de notre indépendance devient pour nous le problème brûlant et capital. [Idée]
>
> **Il implique, d'abord,** [argument 1] que le sort du peuple allemand soit réglé de telle manière que les ambitions, les moyens, l'orientation de notre voisin ne puissent plus nous tenir un jour sous le coup de leur menace.
>
> **Il implique, en même temps,** [argument 2] que nous nous appliquions à refaire l'Europe, afin qu'existe, à côté des deux masses d'aujourd'hui, l'élément d'équilibre sans lequel le monde de demain pourrait peut-être subsister sous le régime haletant des modus vivendi, mais non point respirer et fleurir dans la paix.
>
> **Il implique, encore,** [argument 3] que nous contribuions, dans toute la mesure de notre influence et de nos possibilités, à faire vivre la coopération internationale et ses naissantes institutions, pour que toute cause éventuelle de conflit puisse être étudiée et jugée à temps devant l'opinion de l'Humanité tout entière.
>
> **Il implique, enfin,** [argument 4] que nous restions nous-mêmes, c'est-à-dire des Occidentaux, fidèles à une conception de l'homme, de la vie, du droit, des rapports entre les États, qui nous a faits tels que nous sommes, à laquelle ont toujours tenu notre influence et notre rayonnement et qu'il nous faut défendre et faire valoir dans le tumulte du monde, pour servir et pour survivre. »

Les hauts fonctionnaires moulés à l'ENA font ça très couramment. Ainsi Michel Gaudin, préfet de police[2] :

> « Je prends le commandement de la préfecture de police avec beaucoup de fierté et en ayant conscience de **trois réalités** :
>
> **D'abord,** celle de m'inscrire dans l'histoire particulièrement riche d'une institution [...].

---

1. Discours de Strasbourg, 4 avril 1947.
2. Allocution devant le Conseil de Paris, 25 juin 2007.

Ensuite celle de pouvoir m'appuyer sur l'action et le savoir-faire des 34 000 agents [...].

Enfin, celle de pouvoir compter sur une capacité avérée de la préfecture de police [...]. »

Usez de la bande annonce

Dernier et simple moyen à disposition de l'orateur pour rendre audible la structure et la progression : annoncer ce que l'on développera dans quelques instants. Ainsi Hélène Carrère d'Encausse :

> « Accorder un verbe et son sujet relève aussi du casse-tête. Il y a peu, un commentateur déplorait sur les ondes le sort, je le cite "d'un couple qui ont été menacés".
>
> **Je reviendrai dans un moment** sur les raisons de cette catastrophe grammaticale qui défigure la langue française et la réduit à l'état de squelette où seuls subsistent des mots juxtaposés. **Mais auparavant, je voudrais m'arrêter** sur un autre phénomène, celui qui relève de la volonté de plier la langue à une vision aimable, pacifiée, sans aspérités du destin de l'homme et de la vie en société.[1] »

Autre exemple, avec François Mitterrand, cette fois[2] :

> « Ce droit, mesdames et messieurs, c'est le vôtre. Il est celui des peuples qui vous entourent. Et je pense, bien entendu, prononçant ces mots, aux Palestiniens de Gaza et de Cisjordanie, comme je pense, bien que les réalités juridiques et politiques ne soient pas les mêmes, au peuple du Liban.
>
> **Mais avant de m'engager plus avant dans cette réflexion je voudrais exposer** les raisons pour lesquelles j'ai pris à l'égard d'Israël des positions dont nul n'ignore qu'elles ont été contestées, soit par les uns, soit par les autres. »

---

1. Discours académique du 5 décembre 2002, Palais de l'Institut.
2. Knesset, 4 mars 1982.

Et pour faire votre plan,
inspirez-vous des Antiques en grande pompe

La question du plan, du « phasage » n'est pas récente, et les auteurs antiques ont élaboré une belle machine de guerre, une sorte de plan type, comme pour une dissertation, comme pour une symphonie de coupe classique.

Ainsi Cicéron (*Brutus* 185 & 188) et Quintilien (III, 5, 2) nous donnent une structure en quatre phases : exorde, narration, confirmation, péroraison. Elle est d'autant plus commode qu'elle répond aux trois objectifs de la rhétorique : *Ut doceat, moveat, delectet*. Enseigner, émouvoir, plaire.

▶ **Partie 1 : l'exorde.** Elle doit rendre le public attentif et bienveillant et annoncer le sujet, mais surtout plaire.

▶ **Partie 2 : la narration.** Elle expose les faits, sa fonction est d'instruire ; elle doit être concise et précise, même si les deux ne peuvent pas toujours être appariés.

▶ **Partie 3 : la confirmation.** Elle expose les preuves et la réfutation. Elle peut éventuellement être suivie d'une *digression* (récit, méditation) qui « *renforce la preuve par l'émotion* »[1].

▶ **Partie 4 : la péroraison.** Elle résume le discours et le termine par un appel qui peut être pathétique, lyrique, etc. Après avoir plu et instruit, le discours se termine sur de l'émotion[2].

Voilà donc un plan type possible. Possible mais pas nécessaire, et toujours souple : on en fait ce que l'on en veut. C'est en tout cas celui adopté par de Gaulle, grand rhétoriqueur s'il en fut, homme de lettres et de culture, dans le fameux discours du 6 juin 1944 qui annonçait le débarquement ; évidemment, je coupe,

---

1. Olivier Reboul, *op. cit.*

2. « *Encore que chacune des trois fonctions puisse apparaître dans toutes les parties du discours, selon les besoins de la cause* », selon Reboul, encore (*op. cit.*).

chacun pouvant se référer à la version intégrale[1]. Nous reviendrons plus en détail sur ce discours dans le cours de cet ouvrage car il mérite d'être plusieurs fois cité : c'est une véritable mine de tours rhétoriques.

1. Exorde (elle commence sans précautions oratoires : la circonstance est assez grave pour que l'orateur considère comme inutile de préparer le terrain ou de solliciter la bienveillance des auditeurs !) :

« La Bataille suprême est engagée !

Après tant de combats, de fureurs, de douleurs, voici venu le choc décisif, le choc tant espéré. Bien entendu, c'est la bataille de France et c'est la bataille de la France ! »

2. Narration :

« D'immenses moyens d'attaque, c'est-à-dire, pour nous, de secours, ont commencé à déferler à partir des rivages de la vieille Angleterre. Devant ce dernier bastion de l'Europe à l'ouest fut arrêtée naguère la marée de l'oppression allemande. Voici qu'il est aujourd'hui la base de départ de l'offensive de la liberté. [...] »

Réfutation ou contre-argumentation :

« L'ennemi va tout faire pour échapper à son destin. Il va s'acharner sur notre sol aussi longtemps que possible. Mais il y a beau temps déjà qu'il n'est plus qu'un fauve qui recule. De Stalingrad à Tarnapol, des bords du Nil à Bizerte, de Tunis à Rome, il a pris maintenant l'habitude de la défaite. [...] »

3. Narration avec injonctions :

« En bon ordre ! Pour nos armées de terre, de mer, de l'air, il n'y a point de problème. [...]

Pour la nation qui se bat, les pieds et les poings liés, contre l'oppresseur armé jusqu'aux dents, le bon ordre dans la bataille exige plusieurs conditions.

---

1. Disponible sur www.charles-de-gaulle.org

La première est que les consignes données par le Gouvernement français et par les chefs français qu'il a qualifiés pour le faire soient exactement suivies.

La seconde est que l'action menée par nous sur les arrières de l'ennemi soit conjuguée aussi étroitement que possible avec celle que mènent de front les armées alliées et françaises. [...]

La troisième condition est que tous ceux qui sont capables d'agir, soit par les armes, soit par les destructions, soit par le renseignement, soit par le refus du travail utile à l'ennemi, ne se laissent pas faire prisonniers. [...] »

4. Péroraison :

« La bataille de France a commencé. Il n'y a plus, dans la nation, dans l'Empire, dans les armées, qu'une seule et même volonté, qu'une seule et même espérance. Derrière le nuage si lourd de notre sang et de nos larmes voici que reparaît le soleil de notre grandeur ! »

« *À notre avis*, commente intelligemment Olivier Reboul[1], *la force de ce discours n'est pas dans la splendeur de ses figures mais dans leur justesse.* » Le tact, disait Cocteau, c'est de savoir jusqu'où aller trop loin : De Gaulle et Hugo y excellaient.

Deux plans tout terrain

Cela dit, un tel déploiement rhétorique est à réserver aux grandes occasions : conflit nucléaire, invasion d'extraterrestres sadiques, Jugement dernier, etc. Pour les circonstances plus modestes, genre foire aux fromages ou réception des mentions TB au bac, on peut adopter des formules moins écrasantes. Le *Dies irae* tous les jours, ça fatigue. Après tout, un préfet inaugurant des éoliennes, une foire agricole, un tronçon de 2 kilomètres de route départementale, etc. est régulièrement confronté à ce type de discours. Comment s'en sortir avec les honneurs ?

---

1. *Op. cit.*

Simple : la tactique ENA. On prend un sujet, n'importe lequel, et on l'élargit successivement, comme les ronds dans l'eau, de telle manière que l'inauguration d'une plaque d'égout homologuée peut amener, de proche en proche, à une vaste réflexion géopolitique, économique, philosophie, etc., selon le public.

Phasage possible dans cette perspective :

- « Ravi d'être là… »
- « Ça me permet de dire que… » [développement sur l'équipement du département]
- « Plus largement, je rappelle que… » [développement sur le talent des collectivités territoriales]
- « Merci à tous ceux qui ont dessiné la plaque, à ceux qui l'ont posée et tout particulièrement à… » [Etc.]

Voici comment s'y prend la préfète – pardon, « Madame le préfet » – de l'Aisne, Mme Évelyne Ratte, pour accueillir les mentions TB au bac[1] :

Phase 1 : ravie d'être là et premières félicitations :

« Mesdemoiselles, Messieurs les lauréats,

Vous venez d'obtenir la mention TB au baccalauréat, et j'imagine que vous-mêmes d'abord, vos familles à l'unisson, en éprouvez une grande joie, empreinte d'une réelle fierté.

J'ai souhaité pour ma part et au nom du gouvernement vous dire la joie et la fierté de la nation. Vous faites honneur à notre pays, dont chacun sait que la glorieuse histoire, la prospérité présente, et l'avenir ont toujours dépendu de l'excellence de ses enfants. »

Phase 2 : justement, ça me permet de… (élargissement 1 : le département) :

« **Ce moment me donne** l'occasion de réaffirmer la place de l'excellence dans notre département. J'ai en effet plaisir, Monsieur l'inspecteur d'académie, à relever que sur l'ensemble des candidats l'année 2006 marque une progression de plus de 3 à 4 % des résultats selon les filières. […] »

---

1. www.aisne.pref.gouv.fr/2007/Discours/MENTIONS_TB2.doc

Phase 3 (élargissement 2 : la République) :

> **Le baccalauréat est une des formes les plus remarquables de l'esprit républicain :** indifférent aux origines et aux conditions, il prend acte d'une valeur constatée sur des résultats mesurables, et récompense la qualité en tant que telle. Il incarne une conception très française de la relation au savoir et à la liberté individuelle, à savoir l'idée que l'accès au savoir est une condition essentielle de la liberté. [...] »

Phase 4 : merci à tous ceux qui…

> « Vous y avez été aidés, secondés, portés parfois, par les enseignants qui ont assuré votre formation. On ne saurait saluer votre succès sans leur en faire aussi hommage. Mais je veux aussi remercier vos parents [...] »

Phase 5 : péroraison en forme de leçon de morale, comme s'il fallait réintégrer la fierté de l'excellence voire une hypertrophie du moi, légitimement ressentie par ces ados, dans le champ du contrôle social :

> « Un avenir ouvert et prometteur s'ouvre à vous. Vos qualités vous destinent aux meilleurs cursus, et aux carrières sur lesquelles ils débouchent. [...]
>
> Profitez de ce moment de grâce que marque votre beau succès. N'oubliez jamais que, s'il comporte déjà les perspectives d'une réussite sociale, il est d'abord riche d'une **élévation intellectuelle et morale** [...].
>
> **Vous êtes une élite.** À ce titre, sachez que vous n'avez aucun droit particulier, mais de réels devoirs qu'il vous appartient à vous seuls de vous donner.
>
> **Ce que vous avez reçu, partagez-le.** Ce dont vous êtes capables, accomplissez-le. Le respect que vous inspirez par votre capacité, employez-le à faire le bien, dont vous serez bon juges.
>
> **C'est tout un département qui ressent** de la fierté de vous savoir issus de sa population. Et nous sommes nombreux, en ce jour, à vous envier un peu des moments aussi beaux, dont je vous assure que la nostalgie reste vive tout au long de la vie.
>
> **Soyez dignes de votre réussite,** nous plaçons tous beaucoup d'espoirs en elle.
>
> Nous avons confiance en vous. »

Évidemment, on peut adopter un phasage différent. Par exemple :

- énoncé de la circonstance ;

- rappel des objectifs ;

- difficultés résiduelles et/ou perspectives/solutions ;

- hommages aux acteurs.

Voir l'exemple commenté en annexe (discours du préfet du Val-de-Marne pour l'inauguration d'un guichet unique ANPE/Assedic).

Chapitre 2

Comment débuter votre discours

Commencer est périlleux. Les craintifs et les superstitieux peuvent avoir le sentiment que les premières secondes sont déterminantes. Pas si sûr : n'importe quel musicien sait qu'il convient de se dérouiller les doigts, de se familiariser avec la salle, le public, et celui-ci n'accorde pas une importance capitale aux premières minutes d'un concert. Il en sait les périls. Mais il sait aussi attendre les gloires qui suivront les débuts difficiles. L'orateur doit donc prendre cela en compte pour se rassurer et se lancer.

Assumez votre subjectivité

Si l'on ne sait vraiment comment se lancer, voilà une série de trucs qui seront très utiles aux timides et à tous ceux qui ont besoin de « se chauffer » un peu en sollicitant la complicité et/ou l'indulgence de la salle.

Vous pouvez parler de vous, à l'exemple de Charles de Gaulle[1] dans les années soixante :

> « Messieurs,
>
> Ce n'est pas la peine que je vous cache l'émotion que j'éprouve à me trouver, une fois de plus dans ma vie, dans les lieux où nous sommes et où, jadis, j'ai eu, à plusieurs reprises, à rencontrer des idées, à participer à des travaux, à me livrer à des réflexions qui ont, sans aucun doute, contribué dans une large mesure à ce qu'il m'a été donné par la suite de faire au service de la France.
>
> Je ne veux pas vous cacher non plus la satisfaction que j'ai ressentie à prendre contact avec vous tous, c'est-à-dire avec les différentes branches de l'Enseignement militaire supérieur et avec l'Institut de la Défense nationale. J'ai vu ces branches en pleine activité et en plein essor. Il va de soi que je m'en félicite. »

Plus récemment, avec Nicolas Sarkozy[2] :

> « Mes chers amis,
>
> Dans ce moment que chacun devine si important pour la France, si important pour l'avenir de chacune de vos familles, si important pour moi, plus que n'importe quel autre sentiment, ce qui m'étreint surtout c'est une émotion profonde. Cette émotion, j'aurais pu essayer de la qualifier, j'aurais pu l'exprimer dans un mot, j'aurais pu vous dire merci mais ce merci n'aurait pas été à la hauteur de ce que j'éprouve en cet instant. Il y a des sentiments qui sont si forts qu'il n'y a pas de mot assez grand pour les dire. Il y a des sentiments qui se ressentent tellement qu'on n'a pas besoin de les nommer.
>
> Cette émotion qui me submerge au moment où je vous parle, je vous demande de la recevoir simplement comme un témoignage de ma sincérité, de ma vérité, de mon amitié. »

---

1. Allocution à l'École militaire, 15 février 1963 (www.charles-de-gaulle.org/article.php3? id_article=70).
2. Paris, congrès de l'UMP, 14 janvier 2007.

Parler de soi peut aussi être un moyen de contourner la difficulté de la prise de parole, comme le fait ici Marc Daniel[1] :

> « Finalement, au cours d'une carrière professionnelle, au cours d'une vie active, on n'a pas souvent l'occasion de prendre la parole devant autant de gens qui vous écoutent. C'est assez intimidant, même pour quelqu'un qui a eu l'habitude d'avoir en permanence des élèves devant soi. »

Commencer par « finalement », c'est assez audacieux : l'orateur donne le sentiment non d'avoir terminé avant d'avoir commencé mais de continuer, en public, une méditation entamée avant d'arriver sur l'estrade.

Vous pouvez également en appeler à la salle :

* « Chacun sait ici que je n'ai pas l'habitude de… »
* « Vous savez que je ne suis pas un orateur… »
* « Je suis très ému parce que je n'ai jamais fait pareille chose… »

Vous pouvez aussi jouer la modestie :

Carrément patelin, vous utiliserez un chleuasme, la figure de modestie déjà rencontrée plus haut, à la manière de Jean-Louis Debré[2], ici :

> Il est difficile pour moi de m'exprimer après l'intervention de notre Rapporteur général. Sa compétence incite à la modestie, d'autant que j'ai aussi à mes côtés le Président Méhaignerie et que je me trouve face à vous tous qui êtes des spécialistes et en présence d'éminents universitaires. C'est dire que je me sens un peu en liberté surveillée et que je ne suis pas loin d'éprouver le même sentiment que celui que je ressentais quand, il y a de nombreuses années, je passais des examens et des concours.

---

1. Discours de départ à la retraite, 23 juin 2000.
2. Jean-Louis Debré, président de l'Assemblée nationale, 3 juin 2004, Maison de la Chimie, XIIIe Rencontres parlementaires sur l'épargne, « Dépense publique, investissement et épargne : quel équilibre ? ».

Par conséquent, je vais simplement parler comme un élu, qui cherche à y voir plus clair et à dégager quelques remarques et quelques orientations de bon sens sur des sujets qui souvent, trop souvent, sont réservés aux spécialistes.

Voilà une manière très habile de se retrancher dans son pré carré (« *élu qui cherche à y voir plus clair* ») et de solliciter ainsi la complicité du public : le président de l'Assemblée parle de lui comme s'il était maire d'une commune rurale !

Dans une veine semblable, on peut jeter les formules diplomatiques par-dessus les moulins et inviter la salle, surtout si le contexte y invite, à abandonner la gourme et l'amidon, comme le fait ici Marc-Philippe Daubresse[1], ministre délégué au Logement et à la Ville :

> « Mes chers amis,
>
> Permettez-moi d'entamer mes propos par ces mots simples sans vous donner du "Monsieur le Président", "Monsieur le Ministre" ou "Monseigneur". En m'adressant à vous aujourd'hui, je veux me soumettre immédiatement à quelques valeurs qui ont fait le succès d'Habitat et Humanisme depuis 20 ans : la simplicité et la sincérité. »

« Ah, quelle chance j'ai d'être là ! »

Comme il a déjà été dit plus haut, le discours est un genre codifié, et les formules d'accueil se suivent et se ressemblent. Il est de bon ton d'être heureux, honoré, etc. Avec des variantes – « heureux », par exemple :

- « Je suis heureux… » [basique]
- « Permettez-moi de vous dire combien je suis heureux… » [emprunté]
- « Je veux vous dire combien je suis heureux… »
- « Je tiens à exprimer ma gratitude et ma satisfaction… »

---

1. Lyon, 22 janvier 2005.

Ainsi s'exprime Paul Martin[1], Premier ministre canadien

> « C'est un grand plaisir pour moi d'avoir encore une fois l'occasion de prendre la parole devant le Conseil commercial Canada Chine, cette fois-ci à Beijing, où vous êtes si nombreux à réussir. »

Ou encore, le général de Gaulle[2]

> « C'est une immense émotion qui remplit mon cœur en voyant devant moi la ville française de Montréal. Au nom du vieux pays, au nom de la France, je vous salue de tout mon cœur. »

On peut, avant de manifester son bonheur, rappeler le contexte :

> « Au terme de ce 256e colloque international d'études bourdieusiennes, je tiens à exprimer ma gratitude et ma satisfaction… »

Saluez et rendez hommage

Voilà encore un lieu de figures convenues, certes, mais c'est toujours une bonne manière d'attaquer. Soit ces deux exemples :

Soit ce premier exemple, avec Nicolas Sarkozy[3] :

> « Mes chers amis,
>
> Mes premiers mots seront pour vous adhérents de l'Union pour un mouvement populaire qui êtes aujourd'hui ici au Bourget plus de 40 000. Merci de votre soutien, de votre amitié, de votre énergie, de votre enthousiasme.
>
> Merci à tous ces élus de toutes les communes, départements et régions de France qui ont fait un long chemin pour ce congrès, et qui se dévouent sans compter chaque jour au service de nos concitoyens.
>
> Je veux saluer fraternellement les parlementaires de notre mouvement. Vous êtes notre force, notre avant-garde, notre meilleur moyen d'agir. Je veux vous dire combien j'ai besoin de vous.

---

1. Allocation du Premier ministre canadien Paul Martin à une réception officielle du Conseil commercial Canada Chine, le 21 janvier 2005, Beijing (Chine).
2. Montréal, 24 juillet 1967.
3. Discours lors de son intronisation comme président de l'UMP, principal parti de la droite française, 28 novembre 2004, Le Bourget (Seine-Saint-Denis).

> Bienvenue à tous ceux qui n'ont jamais milité et qui sont avec nous pour la première fois parce qu'ils ont l'espoir que les choses vont changer. Nous ne vous décevrons pas. Elles vont changer.
>
> Je veux dire à Jean-Claude Gaudin, à Pierre Méhaignerie et à François Fillon que je suis heureux de faire équipe avec eux.
>
> Je veux remercier François Baroin pour sa loyauté et son amitié. Nous continuerons à travailler ensemble. Ce sera un beau symbole de notre unité.
>
> Je veux dire à Jean-Pierre Raffarin que ces presque trois ans comme membre de son gouvernement resteront à jamais gravés dans ma mémoire.
>
> Je veux remercier Bernadette Chirac pour sa présence attentive et amicale. Madame, souvenez-vous de la Corrèze pendant les régionales. C'est moi aujourd'hui qui ai besoin de vous.
>
> Je veux enfin dire à Alain Juppé que nous lui devons beaucoup. Rien de ce qui se passe aujourd'hui n'aurait été possible sans lui. »

On pourrait s'amuser de la série d'hommages successifs et des termes choisis. Les politologues présents et futurs s'en donneront à cœur joie ; l'auteur du présent ouvrage se contentera de signaler que M. Sarkozy ne pouvait pas commencer autrement : remercier les adhérents d'être là, remercier ses alliés, réels ou supposés. Chacun attend qu'il commence par cette litanie et ne le ferait-il pas qu'il commettrait et une double faute, politique et rhétorique.

Voici un second exemple, avec le discours d'un préfet devant l'Assemblée départementale (2001) :

> « C'est avec un plaisir partagé par tous les chefs des services décentralisés de l'État que je vous présente aujourd'hui le rapport d'activité des services de l'État dans [...].
>
> Cette rencontre solennelle complète les relations partenariales constantes entretenues par l'État et le Conseil général, relations toujours empreintes de convivialité, fondées sur une grande confiance et une volonté partagée de transparence. »

« Convivialité », *« grande confiance »*, *« transparence »*… Quel monde merveilleux ! Mais les élus n'attendent rien d'autre : c'est une

manière, pour le préfet, d'échanger des verroteries avec les indigènes pour ne pas finir en civet. On lui sera reconnaissant de sa diplomatie. Le problème est ailleurs, comme on le verra plus bas.

Tentez l'Histoire

On peut aussi entrer dans le vif du discours sans passer par ces flatteries. Citer d'entrée des faits historiques peut à l'occasion faire excellent effet.

C'est le mode d'ouverture choisi par Robespierre dans son discours contre la peine de mort[1] :

> « La nouvelle ayant été portée à Athènes que des citoyens avaient été condamnés à mort dans la ville d'Argos, on courut dans les temples, et on conjura les dieux de détourner des Athéniens des pensées si cruelles et si funestes. Je viens prier non les dieux, mais les législateurs, qui doivent être les organes et les interprètes des lois éternelles que la Divinité a dictées aux hommes, d'effacer du code des Français les lois de sang qui commandent des meurtres juridiques, et que repoussent leurs mœurs et leur constitution nouvelle. »

C'est aussi le mode retenu par Jean-Louis Debré[2] dans son discours d'inauguration d'une statue de Jean Moulin :

> « C'est le jour de Noël, le 24 décembre 1941 à Londres, que le général de Gaulle rédige un nouvel ordre de mission ainsi rédigé :
>
> *"Je désigne M. Jean Moulin, préfet, comme mon représentant et comme délégué du Comité national pour la zone non directement occupée de la Métropole.*
>
> *Monsieur Moulin a pour mission de réaliser dans cette zone l'unité d'action de tous les éléments qui résistent à l'ennemi et à ses collaborateurs.*

---

1. Maximilien de Robespierre, pour l'abolition de la peine de mort, le 30 mai 1791, discours prononcé à l'Assemblée constituante (www.ledroitcriminel.free.fr/la_science_criminelle/les_sciences_juridiques/la_loi_penale/sanction/robespierre_peine_de_mort.htm).
2. Béziers 19 décembre 2004.

Monsieur Moulin me rendra compte directement de l'exécution de sa mission."

Signé : Général de Gaulle

Lourde et immense tâche ! »

Voilà un excellent moyen de capter l'attention de ses auditeurs : cela ne leur laisse pas le temps de se préparer, ils sont plongés immédiatement dans une ambiance, on leur raconte une histoire, l'Histoire, celle-là même justement que M. Debré exalte.

En cela, Jean-Louis Debré suit les traces d'un autre gaulliste, André Malraux[1], et avec quelle prose !

« Je parle au nom des Associations des Résistants de Haute-Savoie et de l'Ordre de la Libération. En mémoire du général de Gaulle, pour les survivants et pour les enfants des morts.

Lorsque Tom Morel eut été tué, le maquis des Glières exterminé ou dispersé, il se fit un grand silence. Les premiers maquisards français étaient tombés pour avoir combattu face à face les divisions allemandes avec leurs mains presque nues, non plus dans nos combats de la nuit, mais dans la clarté terrible de la neige. Et à travers ce silence, tous ceux qui nous aimaient encore, depuis le Canada jusqu'à l'Amérique latine, depuis la Grèce et l'Iran jusqu'aux îles du Pacifique, reconnurent que la France bâillonnée avait au moins retrouvé l'une de ses voix, puisqu'elle avait retrouvé la voix de la mort.

L'histoire des Glières est une grande et simple histoire, et je la raconterai simplement. Pourtant, il faut que ceux qui n'étaient pas nés alors – et depuis, combien de millions d'enfants ! – sachent qu'elle n'est pas d'abord une histoire de combats. Le premier écho des Glières ne fut pas celui des explosions. Si tant des nôtres l'entendirent sur les ondes brouillées, c'est qu'ils y retrouvèrent l'un des plus vieux langages des hommes, celui de la volonté, du sacrifice du sang. »

---

1. Discours lors de l'inauguration du Monument de la Résistance du plateau des Glières, 2 septembre 1973. J'invite le lecteur à se précipiter sur cette magnifique page digne du Lagarde et Michard (www.fr.wikisource.org/wiki/Discours_d%E2%80%99Andr%C3%A9_Malraux_aux_Gli%C3%A8res).

Cela peut très aisément se transposer dans le cadre, par exemple, d'un hommage rendu à une employée fidèle qui quitte l'entreprise[1] :

> « Ce matin du 5 janvier 1987, l'entreprise n'est pas au mieux de sa forme quand Charlotte franchit les portes de mon bureau et se présente à moi, pimpante, élégante et fraîche. Elle n'a pas dû me trouver pétillant : mal rasé, fatigué, peut-être grognon, bref : pas le jeune premier ni le mari idéal ! Mais elle ! Je la revois encore, avec son tailleur rouge, son regard rieur, sa manière impayable de me faire comprendre, sans mot, que nous allions nous entendre. »

Et l'on peut jouer de ce tour par un effet de symétrie, pour saluer son départ et terminer le discours :

> « Demain matin, 9 mars 2007, et les jours suivants, je ne serai certainement pas au mieux de ma forme : mal rasé peut-être, fatigué, grognon sûrement quand je mesurerai le vide laissé par Charlotte, qui nous aura quittés, toujours fraîche, élégante et pimpante, pour une retraite ô combien méritée. »

Autre manière de solliciter l'histoire, rappeler rapidement de grandes étapes sans entrer dans les détails comme le fait ici le général de Gaulle[2] :

> « Que la Foire de Lyon s'ouvre cette année pour la cinquantième fois ; qu'elle ait eu pour antécédents de larges et francs marchés européens, inaugurés voici cinq siècles et demi en pleine guerre de Cent Ans et souvent renouvelés ensuite avec l'appui de nos rois ; qu'elle ait pris sa forme et son essor nouveaux au cours de la Première Guerre mondiale en un acte de foi dans le destin d'une France qui était alors en danger ; qu'elle se présente aujourd'hui comme la démonstration de la valeur moderne de notre économie relativement à celle des autres et multiplie ainsi les possibilités d'échanges et d'émulation, il y a là un fait éminemment national. C'est tout d'abord à ce titre que, déclarant la Foire ouverte, nous saluons la vigueur de son développement. »

---

1. Exemple de l'auteur, en toute simplicité.
2. Discours sur la réforme régionale, Lyon, 24 mars 1968 (www.charles-de-gaulle.org/article.php3?id_article=74).

La méthode peut être exploitée pour des circonstances plus solennelles, comme à Moscou en juin 1966[1] :

> « La visite que j'achève de faire à votre pays c'est une visite que la France de toujours rend à la Russie de toujours. Depuis les temps très lointains où naquirent nos deux nations, elles n'ont jamais cessé d'éprouver l'une pour l'autre un intérêt et un attrait tout à fait particuliers. En France, les Russes ont toujours été très populaires. Aussi, en venant vous voir, il m'a semblé que ma démarche et votre réception étaient inspirées par une considération et une cordialité réciproques, que n'ont brisées, depuis des siècles, ni certains combats d'autrefois, ni des différences de régime, ni des oppositions récemment suscitées par la division du monde. Au contraire, l'estime que nous nous portons a grandi à mesure des expériences vécues et des épreuves traversées. Voilà pourquoi, en passant à Moscou, à Novosibirsk, à Leningrad, à Kiev, à Volgograd, en survolant vos plaines, vos fleuves, vos forêts, vos montagnes, en voyant près de moi vos hommes, vos femmes, vos enfants, j'étais rempli d'une émotion qui me venait du fond de l'Histoire. »

Racontez une anecdote

Voilà un excellent moyen d'accrocher l'attention, surtout quand on joint l'ironie à la narration. Ainsi François Bayrou, à l'Assemblée nationale[2] :

> « Monsieur le Président,
>
> Mes chers collègues,
>
> Je voudrais commencer en citant à cette tribune les propos d'un dangereux révolutionnaire, un de ceux dont l'ordre public a tout à redouter, qui s'appelle Édouard Balladur. Le 11 mai, il déclare à l'AFP : "Nous ne vivons pas seulement une crise politique, c'est plus grave que cela, c'est une crise morale. Et cette crise ne peut pas durer plus longtemps sans dommages."
>
> Et y ajouter une anecdote. Hier, dans une salle du Parlement européen à Strasbourg, il y avait un débat sur l'adhésion de la Roumanie. Les questions étaient sévères, faisant au représentant roumain des repro-

---

1. www.charles-de-gaulle.org/article.php3?id_article=71.
2. 16 mai 2006.

ches sur l'État de droit, sur des soupçons de corruption. Alors le représentant roumain s'est levé et a dit : "Que me diriez-vous s'il se passait en Roumanie ce qui se passe en France ?"

Crise morale, atteinte à l'image et à la réputation de notre pays. »

Raconter une anecdote, c'est pouvoir délibérément adopter un ton de complicité qui, pour beaucoup, messied à l'exercice du discours. Et pourtant, il n'en est pas ainsi outre-Atlantique, notamment, où c'est presque une figure attendue. Ainsi Steve Jobs[1] :

« C'est un honneur de me trouver parmi vous aujourd'hui et d'assister à une remise de diplômes dans une des universités les plus prestigieuses du monde. Je n'ai jamais terminé mes études supérieures. À dire vrai, je n'ai même jamais été témoin d'une remise de diplômes dans une université. Je veux vous faire partager aujourd'hui trois expériences qui ont marqué ma carrière. C'est tout. Rien d'extraordinaire. Juste trois expériences.

"Pourquoi j'ai eu raison de laisser tomber l'université"

La première concerne les incidences imprévues. J'ai abandonné mes études au Reed College au bout de six mois, mais j'y suis resté auditeur libre pendant dix-huit mois avant de laisser tomber définitivement. Pourquoi n'ai-je pas poursuivi ?

Tout a commencé avant ma naissance. Ma mère biologique était une jeune étudiante célibataire, et elle avait choisi de me confier à des parents adoptifs. Elle tenait à me voir entrer dans une famille de diplômés universitaires, et tout avait été prévu pour que je sois adopté dès ma naissance par un avocat et son épouse. Sauf que, lorsque je fis mon apparition, ils décidèrent au dernier moment qu'ils préféraient avoir une fille. Mes parents, qui étaient sur une liste d'attente, reçurent un coup de téléphone au milieu de la nuit : "Nous avons un petit garçon qui n'était pas prévu. Le voulez-vous ?" Ils répondirent : "Bien sûr." [...]

Dix-sept ans plus tard, j'entrais donc à l'université. [...]

---

1. Steve Jobs, cofondateur d'Apple, le 15 juin 2005 à Stanford : "Stay Hungry. Stay Foolish" (discours disponible sur www.lemagchallenges.nouvelobs.com/artic...04/a277084.html).

Tout n'était pas rose. Je n'avais pas de chambre dans un foyer, je dormais à même le sol chez des amis. Je ramassais des bouteilles de Coca-Cola pour récupérer le dépôt de 5 cents et acheter de quoi manger, et tous les dimanches soir je faisais 10 kilomètres à pied pour traverser la ville et m'offrir un bon repas au temple de Hare Krishna. Un régal. »

Donnez l'impression de continuer une conversation

C'est une bonne manière d'entrer dans le vif du sujet sans perdre de temps, comme le fait ici Arlette Laguiller[1] :

« Travailleuses, travailleurs, camarades et amis,

Eh bien oui, il serait possible de préserver les travailleurs et l'ensemble de la société de trois catastrophes majeures qui sont le chômage massif, la crise du logement et la dégradation du niveau de vie de la plus grande partie de la population ! »

---

1. Paris 15 avril 2007.

Chapitre 3

Comment développer votre discours

Gardez-vous des évidences

Un discours est d'abord un rythme. Il faut proscrire les ventres mous qui ne susciteront que ricanements. Ainsi ce fonctionnaire de haut rang qui inaugure un nouveau service téléphonique dans une caisse d'allocations familiales. Après avoir félicité ses interlocuteurs pour leur capacité à soigner leur *« mission de pédagogie »* par cette *« modernisation essentielle »*, il se lance dans ce développement d'un intérêt intellectuel rare :

> « Moyen de contact privilégié entre les administrations et le public, le téléphone, ce moyen de communication accessible à tous, rapide, efficace, peu coûteux, est également un moyen d'accueil du public. Les usagers du téléphone recherchent la rapidité, la compétence, et cela sans contrainte de déplacement. »

Encore heureux qu'il n'ait pas dû discourir pour l'inauguration d'un nouveau parking, d'un portail automatisé, ou de toilettes municipales ! On imagine le pire : « Moyen de contact privilégié »…

Racontez la vie

Une fois que l'on a évacué les occasions d'être ridicule, il reste beaucoup de moyens habiles de développer sa pensée. L'un de ces moyens est inusable : l'évocation de la vie quotidienne. C'est évidemment en temps de discours électoraux que la vie déboule dans les meetings.

Ainsi « le coup du 12 » chez François Bayrou[1] :

> « L'Europe s'est beaucoup occupée de concurrence, énormément, elle a beaucoup insisté sur ce sujet, sans doute dans la plupart des domaines avec raison, mais dans certains autres domaines, je me suis toujours interrogé sur l'intérêt réel d'un certain nombre de décisions comme, par exemple – je dis cela au passage, peut-être vais-je me faire des ennemis, je n'en sais rien – celle qui concerne le 12. Je n'ai jamais trouvé absolument génial que l'on remplace le 12 pour les renseignements qui marchait par une multitude de numéros dont on n'arrive pas à se souvenir et dont je ne sais même pas à quoi ils correspondent et vous non plus d'ailleurs. Ce que je sais, c'est que des centaines d'emplois ont disparu et sont partis à l'étranger. »

Comment tricoter l'institutionnel – l'Europe –, l'économique et le quotidien « des gens ».

Ségolène Royal[2], quant à elle, s'ingénie à se montrer « proche des gens » et de leurs préoccupations quotidiennes ; elle choisit le pathos misérabiliste et l'accumulation dramatique qu'elle mène avec maestria :

> « Oui, ce pacte présidentiel, c'est grâce à cette écoute et à ce travail qu'il est solide. Parce que je n'oublierai jamais **ces cris** de détresse silencieuse, **ces vies brisées** qui sont venues, **ces familles humiliées et ravagées** par l'injustice, ces destins marqués par le sceau où tout est joué d'avance, **ces retraités** qui viennent **tout modestement** dire qu'ils ne font plus qu'**un seul repas par jour** parce que le pouvoir d'achat des petites retraites a baissé, **ces pères RMIstes** qui font semblant de se

---

1. Noyelles-Godault, 10 avril 2007.
2. Mont-de-Marsan, 1er mars 2007.

lever le matin pour faire croire à leurs enfants qu'ils ont un vrai travail, et puis ces femmes seules. Le nombre de femmes seules, tant de femmes qui sont venues, qui écrivent et qui me disent « occupez-vous de nous », **ces femmes victimes** des précarités, des insécurités, 80 % des travailleurs pauvres sont des femmes, les inégalités salariales qui ne sont pas résorbées, les femmes seules qui doivent faire face à l'éducation des adolescents et qui ont tant de mal, à qui on reproche de ne pas les encadrer d'un côté, mais auxquelles on ne donne pas les moyens de se loger correctement de l'autre. »

Dans un style nettement plus sobre mais non moins efficace, François Bayrou[1] joue les candides et témoigne de son émerveillement devant la vitalité « des gens du Nord » :

« Après, on est allé à Metaleurop. Il y a peut-être des anciens de Metaleurop dans la salle. Je les salue avec ce qu'ils portent d'inquiétudes. Ils ont été victimes d'un abandon en rase campagne, d'une trahison de la part de responsables d'entreprise, de financiers qui les ont laissés choir, tomber, abandonnés, non seulement eux-mêmes dans la situation de chômage et de précarité qui frappe un grand nombre d'entre eux, mais y compris des collectivités locales avec, sur les bras, un site industriel pollué de toutes les manières. Je crois que l'on a trouvé plus de neuf cents produits et métaux dangereux dans le sol de Metaleurop sur les cinquante hectares qui représentaient le site de Metaleurop.

Ce que j'ai vu à Metaleurop, et vous le savez bien puisque vous vivez dans la région, ce n'est pas que tout soit rose, il y a un grand nombre de familles qui sont abandonnées, qui se sentent abandonnées. Il y a un grand nombre de familles qui sont dans la précarité, mais là-bas, il y a des petites pousses qui montrent qu'un espoir est envisageable.

D'abord, le site a été dépollué. C'est probablement un des plus grands sites dépollués en Europe. On a curé tout ce qui était pollution, toute la terre. On l'a remplacée par un sol sain. On a fait en sorte que les produits dangereux ne le soient plus. On a rendu à ce site une apparence, un rayonnement qui est un espoir.

J'ai été frappé de ce que, déjà, sur le site de Metaleurop, deux cents emplois ont été créés dans le tertiaire, dans les entreprises et qu'un autre projet industriel, consistant à retraiter un certain nombre de

---

1. Noyelles-Godault, 10 avril 2007.

déchets – des déchets électroniques ou les vieilles voitures pour les recycler, pour faire de ces objets abandonnés des richesses –, prévoit de créer deux cents emplois de plus d'ici à dix-huit mois.

Vous voyez, dans ces deux cents plus deux cents, soit quatre cents emplois, dans un site réhabilité, il y a quelque chose qui est de l'espoir et, sur les deux cents emplois qui vont être créés, les anciens salariés de Metaleurop vont être prioritaires. »

Évidemment, ça vous a un petit côté « rapport d'étonnement » d'élève cadre mais c'est pour la bonne cause.

Puisque nous puisons dans les discours de la présidentielle 2007, nous ne saurions laisser filer l'occasion de citer le troisième grand compétiteur, Nicolas Sarkozy. Dans son discours de janvier 2007, au congrès de l'UMP, il a choisi de parler de lui, un peu à la Steve Jobs, mais dans le style « j'ai changé et maintenant je suis top » :

« Ils m'ont enseigné, à moi petit Français au sang-mêlé, l'amour de la France et la fierté d'être français. Cet amour n'a jamais faibli et cette fierté ne m'a jamais quitté. Longtemps ce sont des choses que j'ai tues. Longtemps ce sont des sentiments que j'ai gardés pour moi, comme un trésor caché au fond de mon cœur que je n'éprouvais le besoin de partager avec personne. Je pensais que la politique n'avait rien à voir avec mes émotions personnelles. J'imaginais qu'un homme fort se devait de dissimuler ses émotions. J'ai depuis compris qu'est fort celui qui apparaît dans sa vérité. J'ai compris que l'humanité est une force pas une faiblesse.

J'ai changé. J'ai changé parce qu'à l'instant même où vous m'avez désigné j'ai cessé d'être l'homme d'un seul parti, fût-il le premier de France. J'ai changé parce que l'élection présidentielle est une épreuve de vérité à laquelle nul ne peut se soustraire. Parce que cette vérité je vous la dois. Parce que cette vérité je la dois aux Français.

J'ai changé parce que les épreuves de la vie m'ont changé. Je veux le dire avec pudeur mais je veux le dire parce que c'est la vérité et parce qu'on ne peut pas comprendre la peine de l'autre si on ne l'a pas éprouvée soi-même. [...]

On ne peut pas tendre la main à celui qui a perdu tout espoir si l'on n'a jamais douté. Il m'est arrivé de douter. N'est pas courageux celui qui n'a jamais eu peur. Car le courage c'est de surmonter sa peur.

Cette part d'humanité, je l'ai enfouie en moi parce que j'ai longtemps pensé que pour être fort il ne fallait pas montrer ses faiblesses. Aujourd'hui j'ai compris que ce sont les faiblesses, les peines, les échecs qui rendent plus fort. Qu'ils sont les compagnons de celui qui veut aller loin.

J'ai changé parce que le pouvoir m'a changé. [...] »

Etc. Tout cela concourt au développement par la narration. Mais on peut recourir aussi à un tour voisin, l'énumération simple. Comme ici Olivier Besancenot dans sa déclaration de candidature :

« Les effets des politiques libérales-capitalistes menées depuis un quart de siècle atteignent de plus en plus de gens dans leurs droits fondamentaux à **se loger, communiquer, se chauffer, s'éduquer, se cultiver, se soigner, travailler.** Quand une société se révèle incapable de garantir le droit imprescriptible à l'existence, à quelle valeur morale peut-elle donc prétendre ? »

Énumération qui peut se raffiner quand l'orateur s'appelle Charles de Gaulle[1] :

« Ce qui reste à faire doit être fait dans la même féconde harmonie.

Harmonie qui est féconde parce qu'elle est nationale. Tandis que notre unité profonde est, désormais, bien assurée, la transformation qui tend à mieux répartir toutes nos activités sur toutes les terres de notre peuple avive, du même coup, toutes les sources de notre existence. Mais aussi, **chacune des régions** qui sont bordées par notre frontière nous met tous, à mesure de son propre développement, en relation plus directe et plus étroite avec l'extérieur. **C'est vrai pour le Nord** par rapport aux pays belge, néerlandais, luxembourgeois, qui l'avoisinent ; **pour la Lorraine** et **pour l'Alsace** vis-à-vis de l'ensemble rhénan ; **pour la Franche-Comté** au contact de la Confédération helvétique ; **pour la Provence et le Languedoc** à l'égard du monde méditerranéen ; **pour l'Aquitaine** qui touche à la péninsule Ibérique ; **pour la Bretagne** plongeant dans l'Atlantique ; **pour la Normandie** à portée des îles Britanniques. Combien est-ce vrai aussi **pour la région rhodanienne** prolongeant le bassin du Rhin et limitrophe de l'Italie et de la Suisse ! »

---

1. Dans son discours de Lyon, mars 1968.

Admirons l'élégance qui revient à combiner énumération et renouvellement permanent des articulations : « qui sont/par rapport aux/vis-à-vis de/à l'égard du/qui touche à/plongeant dans/à portée des/prolongeant le ». Comme quoi énumérer n'est pas nécessairement enfiler platement des perles de plastique sur un fil de nylon[1].

Même tour, mais plus ample, chez Jean-Marie Le Pen[2] :

> « Car je vous le dis en vérité, nous avons tout à gagner et qu'avons-nous à perdre ?
>
> – Ces emplois qui fuient chaque jour un peu plus notre territoire ?
>
> – Ces retraites que nous ne toucherons pas ?
>
> – Nos services publics délabrés ?
>
> – L'éducation de nos enfants volontairement sabotée pour réduire ces futurs citoyens à l'état de consommateurs ?
>
> – La sécurité à laquelle nous n'avons plus droit, détruite par les communautarismes, l'immigration sauvage qui touche les plus humbles, les plus démunis, les plus isolés ?
>
> – Les prélèvements qui augmentent et avec eux, la pauvreté ?
>
> – Ces maisons si chères qu'elles ne sont plus accessibles qu'aux millionnaires et aux étrangers ?
>
> – Nos paysages, nos terroirs saccagés, dénaturés par la spéculation et la surproduction délirante, ne laissant plus au petit peuple que les banlieues sordides où la guerre civile est délibérément encouragée… ? »

Exemple beaucoup plus développé chez Nicolas Sarkozy[3], dans ce passage des « âges de la France » déjà célèbre :

> « La France, elle a 17 ans le visage de Guy Môquet quand il est fusillé […]
>
> La France, elle a 19 ans et le visage lumineux d'une fille de Lorraine quand Jeanne comparaît devant ses juges.

---

1. Quand l'auteur de ces lignes songe que ses filles ont dû, pour leur bachot de français, subir et commenter certains textes d'une nullité crasse parce qu'ils étaient signés d'auteurs à la mode et que l'on continue au contraire de négliger ces discours qui sont de véritables morceaux de littérature…
2. Valmy, septembre 2006.
3. Discours d'investiture de l'UMP, 14 janvier 2007.

Elle a 32 ans et le visage d'un émigré italien naturalisé français, quand Gambetta quitte en ballon Paris assiégé pour organiser la résistance aux Prussiens.

La France, elle a 44 ans, le visage ensanglanté de Moulin quand il meurt sous la torture "sans avoir livré aucun secret, lui qui les savait tous".

Elle a 50 ans et la voix du général de Gaulle le 18 juin 1940.

Elle a 56 ans, le visage noir d'un petit-fils d'esclave devenu gouverneur du Tchad et premier résistant de la France d'outre-Mer. Elle s'appelle Félix Éboué.

Elle a 58 ans et le visage de Zola quand il signe *J'accuse* pour défendre Dreyfus et la Justice.

Elle a 60 ans, le visage d'un proscrit qui s'appelle Victor Hugo lorsqu'au commencement des *Misérables* il écrit : "Tant qu'il y aura sur la Terre ignorance et misère des livres de la nature de celui-ci pourront ne pas être inutiles."

Elle a 77 ans et la force du Tigre quand Clemenceau déclare en mars 1918 : "Je continue à faire la guerre et je continuerai jusqu'au dernier quart d'heure car c'est nous qui aurons le dernier quart d'heure !" »

Même volonté sobrement lyrique chez Jacques Chirac évoquant la France des Justes[1] dans une énumération très réussie, avec, pour simple articulation, le pourtant bien pauvre « il y a » :

« Puis, dans le pire effondrement de notre histoire, alors même que la Wehrmacht semble encore invincible, des Françaises et des Français en très grand nombre vont montrer que les valeurs de l'humanisme sont enracinées dans leurs âmes. Partout, ils accueillent, cachent, sauvent au péril de leur vie des enfants, des femmes, des hommes, persécutés parce qu'ils sont Juifs. Dans ce cauchemar éveillé que les Juifs vivent depuis 1940, la France, leur France, à laquelle ils ont cru si intensément, n'a pas tout à fait disparu. Dans les profondeurs du pays, une lueur d'espoir se fait jour. Elle est fragile, vacillante. Mais elle existe.

Il y a cette secrétaire de mairie qui fournit des papiers à des familles juives, et convainc les habitants du village de partager leurs tickets d'alimentation : le courage d'une seule personne a cristallisé la générosité de tous. **Il y a ce couple d'hôteliers** qui trouve sur le pas de sa porte

---

1. 18 janvier 2007, (beau) discours prononcé lors de la cérémonie des Justes au Panthéon.

un homme échappé d'une rafle, affamé et épuisé : ils l'hébergent pendant deux de ces années terribles. **Il y a ce boulanger** qui reconnaît un adolescent arrêté et avertit la direction de son école : prévenu, un officier de gendarmerie, membre de la Résistance, libère le jeune homme. Grâce à cette chaîne humaine de solidarité et de courage, une vie est sauvée. **Il y a ce professeur de latin** qui, jusqu'au bout, tente de protéger l'élève qu'il a présenté au concours général. **Il y a cette concierge** qui entend le crissement des freins des camions allemands, et fait le tour très rapidement des occupants juifs de son immeuble pour leur dire surtout de rester silencieux derrière leurs portes closes, et les sauve ainsi de la déportation. **Il y a le pasteur Trocmé**, qui entraîne avec lui, dans l'accueil de centaines de Juifs en fuite, tout un village, tout un plateau de Haute-Loire : Le Chambon-sur-Lignon, dont le nom résonne aujourd'hui, et pour toujours, dans nos cœurs. **Il y a ces sœurs** qui abritent, dans leurs couvents, dans leurs pensionnats, des enfants juifs. **Il y a ces curés savoyards**, devenus par la force des choses passeurs professionnels, qui emmènent les réfugiés de l'autre côté de la frontière. **Il y a ce général** commandant une région militaire qui refuse de prêter sa troupe pour surveiller l'embarquement de déportés, ce qui lui vaut une révocation immédiate. **Il y a tous ces paysans**, que nous a montrés avec tant d'émotion Agnès Varda, qui accueillent, aiment et protègent de si nombreux enfants. **Il y en a tant et tant d'autres**, dans toutes les classes sociales, dans toutes les professions, de toutes les convictions. **Des milliers de Françaises et de Français**, qui sans s'interroger, font le choix du bien. Quel courage, quelle grandeur d'âme il leur a fallu ! Tous connaissaient les risques encourus : l'irruption brutale de la Gestapo. L'interrogatoire. La torture. Parfois même, la déportation et la mort. »

Et l'énumération très habilement, s'élargit en un large estuaire ; *« tant et tant d'autres »*, *« Des milliers »*.

Usez des vertus de l'apostrophe

L'apostrophe, nous dit Pierre Fontanier dans son manuel devenu classique[1], *« est cette diversion soudaine du discours »* qui permet de s'adresser à un ou des absents, à un ou des objets, voire à soi–même.

---

1. Pierre Fontanier, *Les figures du discours, 1821-1830*, Flammarion, coll. « Champs », 1993.

Exemples magnifiques dans toute la littérature, et notamment chez Diderot, avec ce Tahitien qui s'adresse à Bougainville et lui administre une solide leçon de modestie[1] :

> « Ce pays est à toi ! et pourquoi ? Parce que tu y as mis le pied ? [...] Va dans ta contrée t'agiter, te tourmenter tant que tu voudras ; laisse-nous reposer : ne nous entête ni de tes besoins factices, ni de tes vertus chimériques. »

François Bayrou[2], qui connaît ses classiques, utilise le même tour, sur le même ton indigné que le Tahitien :

> « Faut-il qu'il y ait de puissants intérêts en jeu pour que le patron du *Monde* en vienne à dire que le candidat du Centre en France, celui qui propose de changer l'équilibre de notre démocratie, celui-là, n'est pas un choix démocratique pour les Français.
>
> Faut-il qu'il y ait de puissants intérêts. Je m'adresse à eux en disant : "Qu'est-ce qui vous donne le droit d'agir ainsi ? Quelles preuves avez-vous faites ? Quel mérite avez-vous à invoquer ? Quels services avez-vous rendu à la patrie pour que vous vous permettiez de venir dire aux Français ce qu'ils doivent voter et pour indiquer que, pour vous, on doit supprimer le premier tour de l'élection présidentielle et passer directement au second en direction de Ségolène Royal et de Nicolas Sarkozy ?
>
> Qu'est-ce qui vous donne ce droit ? Quelle arrogance fait que, dans notre pays, les puissants ont décidé qu'une fois pour toutes, il n'y aurait que ces deux partis-là, à la base étroite, ces deux partis épuisés, ces deux partis qui nous ont conduits au gouffre où nous sommes, qui auraient le droit démocratique de participer au pouvoir." »

Mais, en ce qui concerne les tours rhétoriques, Nicolas Sarkozy[3] ne saurait rester en retrait par rapport à ses compétiteurs :

> « À celui qui veut se donner du mal pour sortir de l'assistance, à celui qui veut se donner du mal pour sortir du chômage, je propose qu'on l'aide à trouver un emploi parce que cette aide sera toujours moins coûteuse que le chômage.

---

1. Diderot, *Supplément au voyage de Bougainville*, 1772, Garnier.
2. Discours de Pau, le 20 avril 2007.
3. Agen, 22 juin 2006.

Les socialistes lui proposent la survie sociale par l'allocation. Je lui propose la dignité par le travail !

Je lui dis : "Tu veux trouver du travail ? On t'accompagnera. Tu es prêt à prendre un emploi loin de ton domicile ? Tu bénéficieras d'une prise en charge de tes frais de transport. Tu veux devenir entrepreneur ? Tu pourras aller dans une école de projets et tu pourras bénéficier d'une aide aux chômeurs créateurs d'entreprise. Tu as quitté l'école sans aucune qualification et tu veux t'en sortir ? Tu pourras aller dans une école de la deuxième chance. Tu n'as pas ton bac et tu veux reprendre tes études ? Tu disposeras d'un crédit formation tout au long de ta vie et tu trouveras dans toutes les disciplines des passerelles sur le modèle de la capacité en droit qui permet d'accéder à l'université sans le bac. Tu veux créer ton propre emploi ? Tu auras accès au microcrédit."

Mais je lui dis aussi : "La société ne pourra rien pour toi si tu n'es pas décidé au préalable à produire le minimum d'efforts pour t'en sortir par toi-même. L'État ne peut rien pour toi si tu ne veux rien pour toi !" »

Prenez des raccourcis

Ne vous perdez pas dans les détails et signifiez à votre public que vous n'entendez pas l'endormir :

- « Ce n'est pas à vous que je vais dire… »
- « Je ne vous ferai pas le coup de… »
- « Tous ici nous savons que… et il est inutile d'y revenir/et je n'y reviendrai pas. »
- « Votre temps est précieux et je ne le gaspillerai pas en vous rappelant des choses que vous ne connaissez que trop. »
- « Ce n'est pas à une auguste assemblée d'experts que je vais apprendre que… »
- « Ai-je besoin de rappeler que… ? Non. »

Dans le même esprit, vous pouvez écourter certaines phases de votre discours ou de votre exposé en partant du principe que le public n'a pas besoin que l'on s'appesantisse :

- « Je vais très vite sur ce point/sur cet aspect, etc., car tout cela est connu de chacun de nous. »

- « Permettez-moi de ne pas vous abreuver de détails techniques/barbares/ingrats, etc. »

- « Je vais faire court... »

- « J'irai à l'essentiel sans m'égarer dans les détails... »

Ainsi, la préfète de l'Aisne, Mme Évelyne Ratte[1], qui, lors d'une foire aux fromages, renonce à se lancer dans un développement sur l'OMC qui aurait peut-être tué ses auditeurs :

> « La foire aux fromages est également l'occasion de recenser et de faire partager les sujets, les problèmes et les inquiétudes du moment du monde agricole.
>
> **Je ne m'attarderai pas sur les grands dossiers des négociations internationales, OMC, PAC.** Chacun sait que le Gouvernement est fermement déterminé à préserver le potentiel agricole français ainsi que notre présence sur les marchés mondiaux qui constituent un débouché naturel et capital de nos produits. »

Toujours dans la même veine, vous pouvez hâter la fin du discours :

- « Je parle depuis une heure et je sens que je dois conclure. »

- « Je n'ai que trop parlé et il est temps de clore. »

- « Je n'ai que trop abusé de votre patience et il m'appartient de vous en remercier en ne m'éternisant pas. »

Ce qui ne vous empêche pas de solliciter encore un peu d'attention, à la manière de Victor Hugo[2], par exemple :

> « Encore quelques mots, Messieurs, encore quelques instants de votre bienveillante attention, et j'ai fini. »

---

1. Discours de Mme le préfet de l'Aisne à la foire aux fromages de la Capelle, 3 septembre 2006, dont le plan est commenté en annexe.
2. Discours de réception à l'Académie française, 1841.

Profitez des figures de répétition

C'est peut-être là le cœur de tout discours, de tout art oratoire : la répétition. Pour Henri Suhamy[1], fin connaisseur de la rhétorique et de son histoire, « *les figures répétitives sont certainement, avec les métaphores, les plus anciennes de toutes, les plus simples aussi, et parfois les plus fastidieuses* ». Et d'ajouter : « *Les répétitions peuvent assumer une fonction descriptive ou intensive, ou simplement formelle, ou liturgique et incantatoire.* » Tout est dit. Les exemples en sont si effroyablement nombreux que l'on remplirait des milliers de volumes à les recenser.

La répétition de mot, ou épizeuxe, ou pallilogie

Suite au Putsch des généraux à Alger, du 22 avril 1961, le général de Gaulle, en uniforme, prononce un discours à l'Élysée, le lendemain[2] :

> « Voici que l'État est bafoué, la nation bravée, notre puissance dégradée, notre prestige international abaissé, notre rôle et notre place en Afrique compromis… Et par qui ? ! **Hélas ! hélas ! hélas !**… par des hommes dont c'était le devoir, l'honneur, la raison d'être, de servir et d'obéir. »

Ce tour élémentaire est basé sur la simple répétition sans conjonction de coordination. Le nom savant de ce tour est « épizeuxe » ou « pallilogie ». Des noms bien compliqués pour un truc oratoire bien rudimentaire !

Autres exemples, légèrement plus élaborés : toujours Victor Hugo[3] :

> « La France tient toujours le flambeau des nations. Cette époque est grande, je le pense, – moi qui ne suis rien, j'ai le droit de le dire : elle est **grande par** la science, **grande par** l'industrie, **grande par** l'éloquence, **grande par** la poésie et par l'art. »

---

1. Henri Suhamy, *Les figures de style*, coll. « Que sais-je ? », PUF, 2004.
2. www.charles-de-gaulle.org/article.php3?id_article=68
3. Discours de réception à l'Académie française, 1841.

Ou, encore, François Bayrou[1]

« On a vendu aux Français de l'affrontement et l'affrontement ne résoudra pas les problèmes de la France. **Que dis-je**, on a vendu aux Français **l'ivresse** de l'affrontement, **l'ivresse** de la condamnation des uns par les autres, **l'ivresse** de la caricature. »

La répétition de formules, ou anaphore

Soit ce discours d'Adrienne Clarkson[2] (qui sera détaillé en annexe) :

« Nous sommes venus ici pour participer à une cérémonie familiale, une cérémonie qui rassemble les peuples de deux grandes nations. En tant que Gouverneure générale du Canada et Commandante en chef des Forces canadiennes, je présente mes salutations les plus chaleureuses au peuple des Pays-Bas et l'expression de mon plus sincère respect à l'endroit de ceux et celles qui se sont battus pour ce pays.

Dans la dure épreuve de la guerre, des liens d'amitié éternelle se sont créés, et c'est là une source de joie et d'émerveillement pour les Canadiens et les Canadiennes. Nous partageons le sang avec le peuple néerlandais, et nous partageons le souvenir. **Comme une famille**, nous avons ensemble fait face à la tyrannie. **Comme une famille**, nous avons connu et ressenti les sacrifices de l'un et de l'autre. **Comme une famille**, nous avons pu goûter ensemble les joies durables de la libération. »

Madame Clarkson utilise une « anaphore », *« qui consiste à commencer plusieurs vers, phrases ou membres de phrases successifs par le même mot ou groupe de mots [...] »*, selon les termes d'Henri Suhamy[3]. Ainsi cet exemple cité, justement, par celui-ci, mais tiré d'un entretien[4] :

« Nous disons à François Mitterrand : l'heure n'est plus à l'ironie et aux petites phrases. L'heure est à la discussion. L'heure est à la décision. L'heure est à l'accord. »

---

1. Conseil national de l'UDF 10 mai 2007.
2. Discours à l'occasion de la cérémonie du Souvenir au cimetière de guerre de Groesbeek, le 3 mai 2005.
3. Henri Suhamy, *op. cit.*
4. Georges Marchais, 1er secrétaire du parti communiste, *Le Monde*, 16 février 1978.

L'anaphore est très précieuse lorsque l'on entend développer un programme d'action voire un dispositif analytique dont on veut faire entendre la force. C'est le choix du général de Gaulle à Épinal en 1946, dans un discours qui lui permet de détailler son *« ambition pour la France »* :

> « Mais, si la République est sauvée, il reste à la rebâtir. [...]
>
> Il nous paraît nécessaire que l'état démocratique soit l'état démocratique [...].
>
> Il nous paraît nécessaire que le Chef de l'État en soit un, c'est-à-dire qu'il soit élu et choisi pour représenter réellement la France et l'Union Française [...].
>
> Il nous paraît nécessaire que le Gouvernement de la France en soit un, c'est-à-dire une équipe d'hommes unis par des idées et des convictions semblables [...].
>
> Il nous paraît nécessaire que le Parlement en soit un, c'est-à-dire qu'il fasse les lois et contrôle le Gouvernement sans gouverner lui-même [...].
>
> Il nous paraît nécessaire que la justice soit la justice, c'est-à-dire indépendante de toutes influences extérieures, en particulier des influences politiques. [...]
>
> Il nous paraît nécessaire que l'Union Française soit une union et soit française, c'est-à-dire que les peuples d'outre-mer qui sont liés à notre destin aient la faculté de se développer suivant leur caractère propre [...]. »

L'anaphore est un puissant tour fréquemment utilisé par les avocats pour marteler leurs arguments. Soit ce discours de François Mitterrand, à la Knesset, en 1982, en forme de plaidoyer *pro domo :*

> **« Pourquoi en 1947, membre du gouvernement de mon pays, ai-je été,** vous le rappeliez monsieur le Premier ministre hier, pourquoi ai-je été avec Édouard Depreux l'un des deux ministres à plaider et à obtenir asile pour l'Exodus ? **Parce que je** ne supportais pas que ces hommes et ces femmes en quête de libertés fussent chassés de partout, rejetés du droit d'être eux-mêmes par ceux qui avaient plein la bouche de grands mots et de grands principes.

> **Pourquoi en 1978 ai-je approuvé**, seul des responsables des grandes organisations politiques françaises, l'accord de Camp David ? **Parce que je** pensais que ceux qui se faisaient la guerre avaient aussi le droit de se faire la paix et de se rapprocher pour tenter d'apporter une réponse au problème palestinien.
>
> **Pourquoi en 1980 ai-je regretté** que la conférence de Venise ait implicitement rejeté au bénéfice d'une négociation globale, la procédure de Camp David ? **Parce que je** préférais une paix qui se fait peu à peu à une paix qui ne se fait pas du tout. [...]
>
> **Pourquoi, Président de la République, ai-je en 1981 refusé d'associer** plus longtemps la France au boycott commercial qui frappait Israël ? **Parce que ma** règle est de ne consentir en aucune circonstance à quelle que discrimination que ce soit contre un peuple honorable. [...] »

L'anaphore est aussi par excellence le tour de l'insistance lyrique ou polémique. Ainsi chez Nicolas Sarkozy[1], athlète du genre, puisque certains de ses discours sont fondés jusqu'à l'obsession sur cette figure (voir Paris, 14 janvier 2007) :

> « Je refuse le communautarisme qui rendrait ce qui nous sépare plus fort que ce qui nous unit.
>
> Je refuse le communautarisme qui enfermerait chacun dans ses origines et ses croyances.
>
> Je refuse le communautarisme qui ouvrirait la voix à la loi des tribus et à la violence.
>
> Je refuse le communautarisme qui serait le contraire de la République. »

Ou encore[2] :

> « La France, c'est d'abord une puissance qui sait parler d'égal à égal à tous les puissants du monde. [...]
>
> La France, c'est une nation qui doit avoir l'ambition de donner du travail à chacun de ses enfants. [...]
>
> La France, c'est une société qui ne doit jamais oublier que son objectif premier est de permettre de donner une chance de réussite à tous. [...] »

---

1. 30 mars 2007.
2. Discours de Nicolas Sarkozy, président de l'UMP, congrès pour un mouvement populaire, 28 novembre 2004, Le Bourget (Seine-Saint-Denis).

Ou encore, du même, lors de la même circonstance :

> « Tout le monde se réclame de la solidarité nationale. Eh bien, reconnaissons qu'il y en a qui y ont plus droit que les autres. **Je pense à** ces familles admirables qui élèvent un enfant handicapé, ou dont les parents sont eux-mêmes touchés par le handicap. **Je pense à** cet homme ou cette femme de plus de 50 ans qui vient de perdre son emploi. **Je pense à** ce territoire devenu un désert économique. Tous ceux-là doivent être aidés en priorité. Le courage, c'est de faire des choix et de les assumer ! »

On remarquera que l'anaphore est souvent ternaire. « *La répartition trinitaire des segments du discours,* écrit Henri Suhamy[1], *est tellement irrésistible qu'on peut se demander s'il n'y a pas une survivance magique ou religieuse dans ce formalisme rhétorique.* »

Symétrique de l'anaphore, l'épiphore consiste à placer le même mot ou le même groupe de mots à la fin de plusieurs phrases, quitte à croiser ce tour avec le précédent. Nicolas Sarkozy[2], encore :

> « Je crois à l'identité de la France qui est faite de principes et de valeurs qui se sont forgées au cours d'une très longue histoire. Je crois que ces valeurs sont universelles, qu'elles expriment une grande idée de l'homme et qu'elles **ne sont pas négociables.**
>
> Je crois que la liberté de conscience **n'est pas négociable.** Je crois que la laïcité **n'est pas négociable,** je crois que l'égalité de l'homme et de la femme **n'est pas négociable,** je crois que les droits de l'homme **ne sont pas négociables.**
>
> Je crois qu'au cœur de l'identité de la France, il y a la langue française et que pour ceux qui veulent vivre en France, la maîtrise de la langue française est une exigence qui **n'est pas négociable.** »

---

1. Henri Suhamy, *op. cit.*
2. 30 mars 2007.

Même tour chez Ségolène Royal[1] :

> « Oui, demain, l'État actionnaire assumera tout son rôle et exigera des anticipations, et je le ferai.
>
> Oui, demain, l'État actionnaire ne cédera pas aux logiques financières, et je le ferai. »

La reprise d'un mot pour rebondir, ou l'anadiplose

Autre manière de faire jouer la répétition : reprendre un mot pour rebondir (le nom savant de la figure est « anadiplose »). Ainsi Nicolas Sarkozy[2] :

> « C'est pour cela que j'ai demandé à mes amis de me laisser **libre, libre** d'aller vers ceux qui n'ont jamais été mes amis, vers ceux qui n'ont jamais appartenu à ma famille politique, vers ceux qui parfois m'ont combattu mais qui aiment la France, qui ne veulent pas se résigner pour elle à un destin médiocre. »

M. Sarkozy utilise ici l'anadiplose puis une anaphore (« vers ceux » à trois reprises).

Plus subtil, le tour suivant[3] :

> « L'ordre **juste**, quand on le juge à l'épreuve des faits, c'est **juste** le désordre et au bout du désordre, il y a toujours l'**injustice**. »

Habile, cette répétition de mots qui prennent un sens différent, ce qui permet un effet rhétorique toujours bien venu. Nom savant de ce tour : l'« antanaclase ». On aura compris que les discours de Nicolas Sarkozy sont une mine de tours rhétoriques. Nous ferons remarquer au passage que la dernière citation n'est intellectuellement ni solide ni élégante (« *au bout du désordre il y a l'injustice* »), mais elle passe bien grâce à l'antanaclase. Comme quoi, un discours, ce peut être de l'effet pur, de l'esbroufe, pour dire les choses crûment.

---

1. Mont-de-Marsan, 1ᵉʳ mars 2007.
2. 30 mars 2007.
3. *Idem.*

La répétition de sonorités, ou la paronomase

Les auteurs antiques ont aimé combiner des mots qui se rapprochent par le son mais diffèrent ou s'opposent par le sens (« paronomase ») : « *Qui terre a guerre a* », par exemple. Ou « *Qui vole un œuf vole un bœuf* ». Ou encore, plus proche de ce que l'on entend dans les discours : « *Vouloir c'est pouvoir* ».

La répétition d'éléments structurants

On peut répéter des morceaux entiers de phrase pour marteler. Hugo se prête à ce jeu avec bonheur dans son discours de réception à l'Académie :

> « Que signifiait cette résistance ? Au milieu de cette France qui avait la victoire, la force, la puissance, l'empire, la domination, la splendeur ; au milieu de cette Europe émerveillée et vaincue qui, devenue presque française, participait elle-même du rayonnement de la France, que représentaient ces six esprits révoltés contre un génie, ces six renommées indignées contre la gloire, ces six poètes irrités contre un héros ? Messieurs, ils représentaient en Europe la seule chose qui manquât alors à l'Europe, l'indépendance ; ils représentaient en France la seule chose qui manquât alors à la France, la liberté. »

Virtuose : « *Au milieu de cette France/au milieu de cette Europe… ces six esprits/ces six renommées/ces six poètes… ils représentaient […] la seule chose qui manquât alors à l'Europe […]/ ils représentaient […] la seule chose qui manquât alors à la France […]* »

Et il se permet même un chiasme : « *France − Europe − Europe − France* ». Tout de même, quel talent !

Un peu plus loin, il rejoue le même genre de répétition :

> « C'était un victorieux, et, comme tous les victorieux, c'était un ami des lettres. Napoléon avait tous les goûts et tous les instincts du trône, autrement que Louis XIV sans doute, mais autant que lui. Il y avait du grand roi dans le grand empereur. Rallier la littérature à son sceptre, c'était une de ses premières ambitions. Il **ne lui suffisait pas** d'avoir muselé les passions populaires, il **eût voulu** soumettre Benjamin

> Constant ; **il ne lui suffisait pas** d'avoir vaincu trente armées, **il eût voulu** vaincre Lemercier ; **il ne lui suffisait pas** d'avoir conquis dix royaumes, **il eût voulu** conquérir Chateaubriand. »

Et autre chiasme quelques instants plus tard :

> « Les ambassades, les dotations, les hauts grades de la Légion d'honneur, le sénat, **tout fut** offert [a], **disons-le à la gloire** de l'empereur [b], et, **disons-le à la gloire** de ces nobles réfractaires [b], **tout fut** refusé [a]. »

Donnez du rythme à votre discours

On l'a vu, discourir est une position confortable qui, si l'on n'y prend garde, peut devenir insupportable pour l'auditoire. Aussi la question du rythme est-elle déterminante quand on désire que son discours soit relativement développé.

Rythmez votre discours par des formules bien frappées

Cet art de la formule qui frappe est évidemment au cœur de tout discours qui se respecte. On en trouvera un peu partout dans ce livre :

- Formules par antithèse, c'est-à-dire une opposition de termes, utilisées dans ces exemples par Victor Hugo[1] :

> « Je n'ai ni le bonheur de ce privilège, ni le malheur de cette prétention. »

> « Parmi ces illustres protestants, il était un homme que Bonaparte avait aimé, et auquel il aurait pu dire, comme un autre dictateur à un autre républicain : *Tu quoque !* Cet homme, Messieurs, c'était M. Lemercier. Nature probe, réservée et sobre ; intelligence droite et logique ; imagination exacte et, pour ainsi dire, **algébrique jusque dans ses fantaisies** ; né gentilhomme, mais ne croyant qu'à l'aristocratie du talent ; **né riche**, mais ayant la science d'être **noblement pauvre** ; modeste d'une sorte de **modestie hautaine** [...]. »

> « Tout dans le continent s'inclinait devant Napoléon, tout – excepté six poètes, Messieurs –, permettez-moi de le dire et d'en être fier dans

---

1. Discours de réception à l'Académie française, 1841.

cette enceinte –, excepté six penseurs **restés seuls debout dans l'univers agenouillé** ; et ces noms glorieux, j'ai hâte de les prononcer devant vous, les voici : Ducis, Delille, Madame de Staël, Benjamin Constant, Chateaubriand, Lemercier. »

▸ Formules par dérivation :

« La France aux Français. »

« Il faut que les travailleurs travaillent. » (de Gaulle)

« La protection ne protège pas. »

Olivier Reboul[1] commente ainsi ce tour : *« On voit d'emblée que si la figure disparaissait, si l'on disait : "La France à ses citoyens", "Il faut que les ouvriers travaillent", l'expression serait bien moins convaincante. La dérivation suggère un lien logique entre l'essence ("travailleurs") et sa manifestation ("travaillent"). »*

Rythmez votre discours par des questions oratoires

La question oratoire est un moyen de faire une pause, de relancer l'attention. Elle est une base du style publicitaire, elle l'est aussi du discours. Son emploi le plus simple, le plus sommaire, est celui d'une sorte de pause pédagogique, dans un exposé sérieux. Ainsi dans ce discours de Valéry Giscard d'Estaing[2] :

« Nous sommes une convention.

Qu'est-ce à dire ?

Une convention est un groupe d'hommes et de femmes… », etc.

La question oratoire – ou rhétorique – est aussi un moyen d'insister, de mettre en valeur le propos, comme dans cet exemple d'un discours déjà cité du général de Gaulle :

« … notre prestige international abaissé, notre rôle et notre place en Afrique compromis… **Et par qui ?** ! Hélas ! hélas ! hélas !… »

---

1. Olivier Reboul, *op. cit.*
2. Discours introductif à la convention sur l'avenir de l'Europe, 26 février 2002.

Ségolène Royal[1] utilise le même tour, plus développé, quand elle s'adresse à un auditoire nécessairement acquis d'avance :

> « J'ai confiance dans la confrontation des projets et dans la défense du pacte présidentiel que je propose aux Français et que je vous demande de leur porter. La France que nous voulons sera soucieuse de justice, de fraternité et de sécurité. Elle n'est en rien comparable à celle proposée par nos concurrents de droite.
>
> Voulez-vous encore de cette France inégalitaire ?
>
> Voulez-vous encore de cette France divisée ?
>
> Voulez-vous encore de cette France affaiblie, brutale, repliée sur elle-même ? Non.
>
> C'est la raison pour laquelle nous avons un devoir de victoire. »

Développer représente une vraie difficulté, dans la mesure où cela prend du temps. On a vu que la capacité à rythmer était déterminante. On peut aussi recourir à des astuces pour mettre en valeur ses propos.

Servez-vous de l'amplification

On peut aussi recourir au petit jeu du crescendo, propre au discours polémique, comme le général de Gaulle, dans son message au lendemain du Putsch des généraux, le 23 avril 1961 :

> « Les coupables de l'usurpation ont exploité la passion des cadres de certaines unités spécialisées, l'adhésion enflammée d'une partie de la population de souche européenne qu'égarent les craintes et les mythes, l'impuissance des responsables submergés par la conjuration militaire.
>
> Ce pouvoir a une apparence : un quarteron de généraux en retraite. Il a une réalité : un groupe d'officiers, **partisans, ambitieux et fanatiques.** »

---

1. Mont-de-Marsan, 1er mars 2007.

François Bayrou[1] l'exploite dans un contexte différent, lyrique :

> « J'ai **six** enfants et j'ai **six mille** concitoyens à l'intérieur du Zénith de Pau et je ne peux pas revenir devant eux en faisant le contraire de ce que je leur ai promis.
>
> Et j'ai **soixante-trois millions** de concitoyens français, et je ne peux pas revenir devant eux en faisant le contraire de ce que je leur ai promis.
>
> Je tiendrai mes engagements. Nous allons changer la France. »

Comment mettre certains mots en valeur ?

Par une exclamation :

> « O combien ! »

Par un adverbe (à la façon de Charles de Gaulle[2]) :

> « La France, en effet, est menacée de dictature. On veut la contraindre à se résigner à un pouvoir qui s'imposerait dans le désespoir national, lequel pouvoir serait alors **évidemment et essentiellement** celui du vainqueur, c'est-à-dire celui du communisme totalitaire. »

Par un adjectif comme « insigne » (Charles de Gaulle[3], encore lui) :

> « Voilà pourquoi et comment l'ouverture, en 1968, de la Cinquantième Foire internationale de Lyon est une marque insigne du renouveau de la France. »

Par une accumulation d'adverbes (qui peut faire bon effet, à l'occasion, comme dans ce discours de Jean-Marie Le Pen[4]) :

> « Il est vrai que pour d'aucun, la Nation, ce n'est qu'un présent et un avenir.
>
> Pour nous aussi, mais c'est aussi et surtout un passé d'où nous venons et sans lequel nous n'aurions pas existé, **biologiquement, physiquement, intellectuellement, culturellement, moralement, spirituellement.** »

---

1. Pau, 20 avril 2007.
2. Dans une allocution radiodiffusée, le 30 mai 1968 (www.charles-de-gaulle.org/article. php3?id_article=75&page=2).
3. Lyon, mars 1968.
4. 1er mai 2007.

Par une invitation à plus d'attention de la part de l'auditoire (à la façon de François Mitterrand[1] ou de François Bayrou[2]) :

> « Qu'il soit bien clair, pour commencer, que lorsque je m'adresse à vos compatriotes, dont l'hospitalité me flatte, c'est pour leur dire qu'il appartient à ceux qui vivent dans cette région du monde de débattre et, si possible, de régler les affaires qui les concernent. La France le pourrait, qu'elle ne chercherait pas à se substituer aux peuples intéressés et, lorsqu'elles ont à s'exprimer, aux institutions internationales. »

> « Revenir en arrière, c'est accepter – **je voudrais vous rendre attentifs à ceci** – que, dans la vie politique française, il n'y ait que deux camps. »

Quitte à se répéter pour être bien sûr d'être entendu (de Gaulle[3], encore) :

> « Au nom de la France, j'ordonne que **tous les moyens, je dis tous les moyens,** soient employés pour barrer partout la route à ces hommes-là, en attendant de les réduire. »

Par une invitation à l'assentiment, à l'accord :

> « Je pense, **nous** pensons tous que… »

Cette correction peut être elle-même modulée :

- par un adverbe :

  > « Je pense, nous pensons tous **profondément** que… »

- par une locution de renforcement :

  > « Je pense, nous pensons tous **de la manière la plus affirmée** que… »

- par une précaution oratoire :

  > « Je pense, nous pensons tous – **je pense pouvoir en être sûr** – que… »

  > « Je pense, nous pensons tous – **j'espère pouvoir en être sûr** – que… »

---

1. Dans son discours à la Knesset, le 4 mars 1982 (www.fr.wikisource.org/wiki/Discours_ de_Fran %C3 %A7ois_Mitterrand_ %C3 %A0_la_Knesset).
2. Conseil national de l'UDF 10 mai 2007.
3. Dans son message au lendemain du Putsch des généraux, 23 avril 1961.

Par un seul mot qui corrige (Charles de Gaulle[1]) :

Quelquefois, un tout petit mot correcteur permet un grand effet :

> « Bien entendu, c'est la bataille de France et c'est la bataille de la France ! »

Par une correction amplificatrice (de Gaulle[2], toujours) :

> « Mais si, **comme je l'espère, comme je le crois, comme j'en suis sûr,** vous me répondez "Oui" ! une fois de plus et en masse, alors me voilà confirmé par vous toutes et par vous tous dans la charge que je porte ! Voilà le pays fixé, la République assurée et l'horizon dégagé ! Voilà le monde décidément certain du grand avenir de la France ! »

Développez votre sujet par antithèse

Discourir, c'est affirmer, voire asséner. Développer, c'est donner des arguments, des exemples, etc. Mais on peut aussi passer par des phases « antithèse », comme en dissertation. En d'autres termes, on peut intégrer les arguments de l'adversaire pour mieux, *a priori*, les réfuter : on n'est jamais mieux servi que par soi-même et, en matière de contre-argumentation, il est commode de citer soi-même les contradictions que d'autres pourraient nous servir.

C'est au moins un moyen de montrer – fût-ce par forfanterie, ce qui est courant dans les discours politiques – que l'on n'a peur de rien, et surtout pas de la contradiction. Et c'est d'autant plus commode que l'objection théâtralement réfutée, il ne se trouvera aucune mauvaise tête en face pour relancer la balle.

Réfutez, donc, objectez par anticipation

Les formules sont classiques, éculées pour certaines :

* « Évidemment, on va me dire/objecter/citer, etc. »

---

1. Discours du 6 juin 1944.
2. Discours sur l'élection du Président au suffrage universel, 18 octobre 1962.

- « Mes détracteurs se répandent en racontant que... Évidemment, tout cela est faux/malveillant/infondé, etc. »

- « Je suis sûr que, sans oser me le dire/l'avouer, etc., vous pensez que... »

Ainsi François Mitterrand[1], dans son discours à la Knesset

> **« On m'a objecté, lorsque j'ai décidé de venir chez vous, que j'approuvais par là l'ensemble des aspects de votre politique.** Mais vous ne m'en demandiez pas tant. Et je me suis étonné de mon côté de cette curieuse façon de mêler ce qui est distinct. De quel pays, oserais-je dire que j'approuve tout ce qu'il fait ? De quel pays exigerais-je qu'il se déclarât en accord sur toute chose avec moi ? Ayons de nos échanges, mesdames et messieurs, une conception plus simple et plus saine. Une visite d'État a généralement pour objet de rapprocher les points de vue, ce qui suppose qu'ils étaient différents. »

Ou cet exemple, plus récent, de Jean-Marie Le Pen[2] :

> « Certains me diront que Valmy n'est qu'un symbole.
>
> À ces incrédules, je réponds que les peuples ont besoin de symboles afin de rassembler les familles qui les composent, et leur permettre de communier dans le même idéal social.
>
> Valmy, dernière victoire de la Monarchie, première victoire de la République.
>
> D'autres encore me diront que Valmy fut une fausse bataille.
>
> À ces sceptiques, je réponds que si Valmy fut, c'est vrai, une simple canonnade qui suffit à mettre nos ennemis d'alors en déroute, elle fut une vraie victoire, puisqu'en ce lieu, à cette date, naquit le grand espoir qui remit une France vacillante, divisée, menacée, sur le chemin de sa grandeur.
>
> Et que Valmy nous permit d'emporter la victoire décisive sans coup férir, voilà précisément ce dont je me réjouis ! »

---

1. Le 4 mars 1982.
2. Valmy 20 septembre 2006.

Concédez pour dépasser : « Certes, je reconnais que… mais »

Nourrir un développement peut aussi passer par la reconnaissance des limites possibles de sa position, par l'intégration de la possible contre-argumentation. C'est encore la meilleure manière de répondre aux contradicteurs potentiels, d'autant que la circonstance n'est pas dangereuse, dans la mesure où ils sont de toute manière muets, sinon absents. Ainsi « Madame le préfet » de l'Aisne, Mme Évelyne Ratte, inaugure *« une très grande opération dans une toute petite commune »*, en l'occurrence des travaux routiers, avant d'ajouter, apparemment mal à l'aise que cela *« démontre […] que la valeur n'attend pas le nombre des électeurs »*. Et comme si elle anticipait les récriminations, elle enchaîne[1] :

> « Certes, les connaisseurs murmureront que la commune de Droizy présente un profil atypique : elle dispose d'une CAF – capacité d'autofinancement – supérieure à la moyenne de la strate (433 € par habitant au lieu de 180), […] : voilà le portrait d'une communauté en quelque sorte haut de gamme.
>
> Le magnifique château de Droizy, superbement restauré, avec, autour, des maisons en pierre de taille dont les façades ont été refaites avec goût, symbolise en quelque sorte cette situation privilégiée. »

Puis après avoir concédé elle reprend l'avantage :

> « On aurait pu en rester là. Mais justement cette base, qui ferait la fierté de tant de communes, a servi ici de point de départ pour une plus haute ambition, et c'est en cela que les travaux que nous inaugurons ont une valeur emblématique. »

Convaincante ou pas, elle aura au moins relevé le gant.

---

1. Discours de Mme Évelyne Ratte, préfet de l'Aisne, lors de l'inauguration des travaux routiers et d'aménagement du centre du pays à Droizy le 23 juin 2007 (www.aisne.pref.gouv.fr/2007/discours/).

Chapitre 4

Comment utiliser dans votre discours des éléments de rhétorique et d'ornements

Choisissez vos mots avec soin et goût

Nous avons insisté, dans la première partie de ce petit ouvrage, sur la nécessité de la « tenue » et du respect des règles de la langue ; cela ne veut pas dire pour autant que l'orateur doive se contenter des 200 ou 300 mots du langage courant : le discours est aussi une manière de faire sonner la langue, d'en exalter la richesse, d'en exploiter les ressources quasi infinies. Pour cela, on peut recourir à ce que les linguistes appellent des « glossèmes », c'est-à-dire des mots rares et/ou précieux que l'on cultive pour leur rareté même. Parmi ces glossèmes, les archaïsmes, les étymologismes et les néologismes.

Les archaïsmes

Les écrivains en sont quelquefois friands : Rimbaud utilise *« ultramarin »* pour « bleu outremer » ; Apollinaire préfère *« intercis »* à « tués » et *« forligner »* à « dégénérer ». L'orateur pourra aussi en exploiter les connotations que l'on jugera peut-être traditionalistes, passéistes ou je ne sais quoi, mais qui n'en constituent pas moins un utile moyen d'orner un discours. Encore faut-il veiller à ce que l'on soit compris : qui dit archaïsme dit état ancien de la langue, à proprement parler hors d'usage, et donc compréhensible par une minorité cultivée.

Pour éviter toute méprise, on signalera l'archaïsme dans son discours par des précautions oratoires (voir plus haut : « Comment mettre certains mots en valeur ? »).

Les étymologismes

Bel exemple dans le discours du directeur d'école, M. Marc Daniel[1] :

> « Je préfère le mot "instituteur", celui qui met l'enfant debout, au terme générique de "professeur des écoles" ».

Ce n'est pas une coquetterie gratuite que d'utiliser ce genre de tour, mais une manière de rénover la langue, d'en ôter d'un coup toute la poussière qui s'était accumulée depuis des siècles sur le malheureux mot et de le faire renaître flambant neuf et pleinement restauré dans la plénitude de son acception.

Valéry Giscard d'Estaing utilise le même genre de tour dans son « Discours introductif à la convention sur l'avenir de l'Europe »[2] :

> « Permettez-moi, en conclusion, de faire appel à l'enthousiasme. Un mot venu de la langue grecque, "enthousia", qui signifiait "inspiré par un dieu". Dans notre cas, ce serait inspiré par une déesse, l'Europe ! »

---

1. Discours de départ à la retraite, le vendredi 23 juin 2000.
2. Le 26 février 2002.

Bon, d'accord, c'est un peu laborieux mais l'intention y est... Et ce n'est pas tous les jours que nos politiques nous régalent de philologie, non ?

Les néologismes

Certains écrivains en ont forgé de fabuleux, tel Alphonse Allais qui, pour évoquer un objet qui coûte « les yeux de la tête » évoque un tarif « *céphalophtalmique* ». Brillant ! Ou la géniale « *ontalgie* » de Raymond Queneau, la maladie de l'existence (ontologie, science de l'être ; de *ontos*...). Il est entendu que, dans ces cas de néologismes très raffinés, l'orateur a intérêt, pour ne laisser personne au bord du chemin, de livrer aussitôt la notice de montage (comme ci-dessous).

Ce qui n'est pas nécessaire pour les néologismes plus simples, fabriqués notamment, dans un contexte polémique, sur le suffixe *isme*.

Ainsi quand Jean-Marie Le Pen[1] dénonce le « *soixantuitardisme* ». Dans la même veine, chez lui et chez d'autres, on trouve le « *droitdel'hommisme* », « *à-quoibonnistes* ».

On peut ainsi s'amuser à l'infini à brocarder tout et son contraire. Le « tout-et-soncontrairisme » devrait trouver preneur tôt ou tard... Merci de me reverser des royalties.

Les mots en *isme* décrivent un état, une tendance, une manie. Avec *iste*, on obtient évidemment la tête des coupables : M. Le Pen[2], encore, car le néologisme est chez lui une seconde nature, tente « *européistes* », « *immigrationnistes* ».

Avec *isation*, on évoque un processus plus ou moins rapide : ainsi de la « *lepénisation* ».

---

1. Valmy septembre 2006.
2. 1er mai 2007.

Tenez vos glossèmes en laisse

En règle générale, quand l'orateur utilise un mot savant ou tout autre mot ou expression dont il pense qu'il ou elle pourrait poser des problèmes de compréhension, il peut les enrober. Comme Guillaume Apollinaire[1], ici :

> « Que l'on me permette, pour désigner ce phénomène, d'utiliser un mot ancien, un de ces mots qui font le génie de notre langue mais qui sont tombés en désuétude, le beau mot de "forligner", que je préférerai à "dégénérer", trop commun. »

Ainsi l'orateur peut se payer le luxe de faire un cours de lexicologie.

Autre tournure :

> « C'est une manière de se sentir "tourneboulé", comme disait ma grand-mère, de se sentir "sens dessus dessous". »

Les grands-mères sont une ressource précieuse, dans les discours.

Inversement, Nicolas Sarkozy[2] n'imagine pas devoir expliquer « realpolitik » devant un auditoire rompu à la science politique :

> « Je ne crois pas à la « realpolitik » qui fait renoncer à ses valeurs sans gagner des contrats. »

Exploitez le fonds infini du génie d'autrui

Il serait étonnant que l'on doive défendre le principe de la citation dans un pays aussi convaincu de son génie littéraire. Et pourtant, force est de reconnaître que la littérature est aujourd'hui considérée comme un vague passe-temps réservé à des oisifs un peu décalés. C'est d'autant plus regrettable qu'il est difficile, pour les

---

1. Cité in Suhamy.
2. 14 janvier 2007.

mêmes quelquefois, de s'enorgueillir de représenter une tradition riche et ancienne, et parallèlement de se révéler incapable de l'exploiter.

La citation expressive

Soit ce très bel exemple emprunté de nouveau à la Gouverneure générale du Canada, Adrienne Clarkson, qui assistait à la cérémonie du souvenir au cimetière de guerre de Groesbeek, aux Pays-Bas[1] :

> « L'un de nos plus grands poètes canadiens, Earle Birney, accompagnait nos troupes en janvier 1945. Dans son poème "The Road to Nijmegen – Sur la route de Nijmegen", il parle de *"vieillards dans le brouillard qui tailladaient des racines à la hache/coupant les derniers copeaux au canif dans un boulevard de souches... ; des femmes/roulant dans le vent sur les jantes de leurs vélos sans pneumatiques... et les enfants qui fouillaient dans le gravier pour trouver du charbon."* Témoin de ce désastre, de cette agonie, sa conclusion fut sombre. *"Je suis ce chemin, dit-il, qui n'aboutit à aucun avenir."* »

Voilà une magnifique manière de conférer de la gravité et de la grandeur au discours. Et Adrienne Clarkson prolonge sa citation par sa propre glose :

> « Et combien des 2 338 Canadiens enterrés ici ont dû mourir habités du même sentiment de désespérance : que leur jeunesse avait peut-être été perdue, que leur souffrance n'avait peut-être été pour rien. Eux, et leurs camarades survivants, avaient péniblement traversé quelques-uns des combats les plus féroces de la guerre, progressant près de digues brisées et parcourant des polders pratiquement infranchissables face à un ennemi fort et désespéré. »

---

1. Discours de Son Excellence la très honorable Adrienne Clarkson, à l'occasion de la cérémonie du Souvenir au cimetière de guerre de Groesbeek, le 3 mai 2005 (www.gg.ca/media/doc.asp?lang=f&DocID=4433).

« *Et combien des* », « *désespérance* », bien plus lyrique que désespoir ; « *que leur/que leur* », double participe présent (« *progressant* », « *parcourant* ») pour que la phrase se prolonge aussi longtemps que possible. La Gouverneure canadienne jouait gros, avec sa citation : elle se devait d'être à la hauteur, et elle le fut.

Mais la citation peut aussi être empruntée à d'autres domaines que la littérature, et pour d'autres fins. On a vu Jean-Louis Debré citer l'ordre de mission rédigé par de Gaulle à l'intention de Jean Moulin (voir plus haut) : comme pour la Gouverneure Clarkson, cela donne de la force à son propos.

La citation didactique

J'emprunterai au même Jean-Louis Debré[1] une autre citation, de La Fontaine cette fois, qui assume une fonction différente :

> « Du fait des pollutions industrielles ou agricoles, de l'urbanisation croissante, des gros travaux d'infrastructures qui quadrillent le territoire, du fait aussi des comportements individuels insuffisamment responsables, notre environnement ne cesse de se dégrader au point où il met aujourd'hui notre santé en péril.
>
> La morale de la fable du vieux laboureur de La Fontaine conserve plus que jamais sa pertinence : "*Gardez-vous*, disait-il à ses fils, *de vendre l'héritage que nous ont laissé nos parents : un trésor est caché dedans*". Air, eau, sol, il est là le bel et unique héritage irremplaçable. Il est là le vrai trésor caché qu'il nous faut préserver et que nous devons léguer aux générations futures. »

Habile ! La Fontaine est inépuisable.

---

1. Le 9 décembre 2004, ouverture du colloque « Santé et Environnement ».

La citation approximative

On n'a même pas besoin de toujours savoir exactement comment telle ou telle chose a été écrite, si le besoin n'est que d'enrichir le propos sans le regard de sourcilleux spécialistes. Ainsi Steve Jobs, dans le discours déjà cité :

> « À l'âge de 17 ans, j'ai lu une citation **qui disait à peu près ceci** : *"Si vous vivez chaque jour comme s'il était le dernier, vous finirez un jour par avoir raison."* »

Et M. Jobs ne se soucie même pas de dire de qui vient la phrase.

La citation fictive

Descendons de plusieurs étages pour voir quelques manières de faire passer des propos et/ou des formules. On peut exploiter, là encore, la grand-mère :

> « Point trop n'en faut, comme disait ma grand-mère. »

C'est une manière de se permettre une formule archaïsante tout en « l'habillant ».

Le proverbe

C'est peut-être l'un des tours les plus anciens, et les plus efficaces ; et dans le stock, on trouve toujours un qui aille dans le sens voulu. Ainsi François Bayrou[1] :

> « Eh bien, maintenant, il va falloir qu'on les mette, ces organisations, au pied du mur, parce que c'est au pied du mur que l'on voit le maçon, comme l'on dit. »

---

1. Noyelles-Godault, 10 avril 2007.

Sachez user des métaphores

On recule devant l'évocation de ce tour si basique, si intimement lié non au discours mais à la langue qu'il en est presque trop commun pour être abondamment commenté ici. S'aperçoit-on encore de la métaphore dans ce discours de Valéry Giscard d'Estaing[1] :

> « Soyons clairs. Cette convention ne peut pas réussir si elle est seulement le lieu d'expression d'opinions divergentes. **Elle a besoin de devenir le creuset où s'élabore,** mois après mois, une approche commune. »

Inversement, la métaphore se fait aveuglante ici :

> « La bataille de France a commencé. Il n'y a plus, dans la nation, dans l'Empire, dans les armées, qu'une seule et même volonté, qu'une seule et même espérance. **Derrière le nuage si lourd de notre sang et de nos larmes voici que reparaît le soleil de notre grandeur.**[2] »

Même revenu de tout, on rend les armes devant un tel propos. C'est peut-être cela, le privilège des très grands : pouvoir tout se permettre, savoir déterminer jusqu'où ils peuvent aller trop loin, savoir conjuguer un certain pathos et une certaine circonstance pathétique, et rester jusqu'au bout maîtres du jeu rhétorique.

Allez, une dernière. Puisque nous évoquions les très grands, Hugo, terminant son justement interminable discours de réception à l'Académie française :

> « Voilà la tâche que s'était donnée Malesherbes durant ses trop courts ministères. Dès 1776, sentant venir la tourmente qui, dix-sept ans plus tard, a tout arraché, il s'était hâté de rattacher la monarchie chancelante à ce fond solide. Il eût ainsi sauvé l'État et le roi si le câble n'avait pas cassé. Mais – et que ceci encourage quiconque voudra l'imiter – si Malesherbes lui-même a péri, son souvenir du moins est resté indestructible dans la

---

1. Discours introductif à la convention sur l'avenir de l'Europe, 26 février 2002.
2. Est-il nécessaire de préciser de qui c'est et de quand ça date ?

mémoire orageuse de ce peuple en révolution qui oubliait tout, comme reste au fond de l'Océan, à demi enfouie sous le sable, la vieille ancre de fer d'un vaisseau disparu dans la tempête ! »

De Gaulle faisait dans le grave et l'héroïque : c'était sa personne, c'étaient aussi les circonstances. Quelques années plus tard, un Valéry Giscard d'Estaing, resté célèbre au moins pour son goût pour l'accordéon et les conversations au coin du feu, donnait dans le simple. Ainsi cet extrait du « discours du bon choix », le 27 janvier 1978 :

« Mais rien n'aurait pu être accompli sans vous, sans vous [répétition à valeur d'hommage] qui avez soutenu le redressement par votre discipline et par votre effort [répétition de la construction, même fonction]. Ces résultats, ce sont votre bien difficilement acquis : est-ce le moment de le remettre en cause ? [question rhétorique] Ne vaut-il pas mieux poursuivre l'effort, déboucher enfin sur une situation assainie, sur une économie rétablie, [idem, sous forme de lieux communs *a priori* non contestables] sur des conditions favorables de vie ? [habile : des mots de même longueur – assainie/rétablie/favora(bles) – et assonances en a et en i] »

Après avoir formulé son thème, Valéry Giscard d'Estaing l'illustre, le reformule à l'aide de ce qui aurait pu être une simple métaphore mais qui, avec le développement, devient une véritable allégorie :

« Pensez à la situation ["Pensez" et non "Ce serait comme", ou "Ainsi" : l'orateur en appelle plus directement à son auditoire] d'une personne [et non "un nageur" : il faut que les femmes puissent s'identifier aussi] tombée à la mer, et qui nage, qui nage à contre-courant pour regagner la rive, le courant est puissant mais à force de nager, elle s'est rapprochée du rivage, elle y est presque, elle va le toucher. Alors une voix vient lui conseiller à l'oreille : "Pourquoi te donner tant de peine ? Tu commences à être fatiguée, tu n'as qu'à te laisser porter par le courant". Elle hésite, c'est bien tentant, pourquoi ne pas se laisser aller ? Mais quand on se laisse emporter par le courant, on se noie ! [Applaudissements de l'auditoire.]

Oui, il faut achever le redressement de notre économie. »

Pour Jean-Michel Adam[1], Giscard place les auditeurs dans le rôle *« d'élèves particulièrement demeurés auxquels il est bon de raconter les plus grossières fables »*. Voire : il n'est d'abord pas certain que l'auditoire soit dupe ; ensuite, cet appel à l'imagination n'est pas destiné « aux demeurés » mais aux êtres de rêve et de fantasme que nous sommes tous. Enfin, Giscard, par ce recours à la fable allégorique, peut dramatiser son discours et, certainement, susciter l'attention inquiète de son auditoire.

Toute la difficulté est ensuite de réfuter ce discours : placé sur le plan de l'allégorie, il appelle une réfutation de même nature. C'est ainsi que, en 1982 à la Chambre des Communes, Mme Thatcher s'est fait renvoyer à ses chères études ; la Dame de fer avait, dans le sillage de Giscard, dit que si Ulysse s'était laissé séduire par la voix des sirènes, il ne serait jamais rentré à Ithaque. À quoi répondit un député travailliste :

> « Premièrement Ulysse a écouté la voix des sirènes. Deuxièmement, son navire s'est échoué. Troisièmement, il est tout de même rentré à bon port. Quatrièmement, je demande une commission d'enquête sur l'état des études classiques dans le Royaume-Uni. »

Définitif !

Et ne vous privez pas d'un trait d'humour

Soit ce dirigeant d'Air France, Jean-Cyril Spinetta, qui intervient lors d'un sommet de l'IATA[2] :

> « Lorsqu'on évoque les gaz à effet de serre, on attribue toutes les vertus écologiques au train. Voilà au moins un point sur lequel tout le monde est d'accord. Mais les trains ne roulent pas à l'eau bénite [...]. »

---

1. *Pratiques*, n° 30, juin 1981.
2. Jean-Cyril Spinetta, président-directeur général du groupe Air France-KLM, 18 mars 2005 (www.airfrance.com/double6/file/Y1/ file_Y1.nsf/(Lookup)/fr-DISCOiata_fr/$file/iata_fr.pdf).

Dans une circonstance si marquée par d'austères considérations techniques et économiques, ce trait d'esprit détend.

L'humour peut aussi faire bon ménage avec une certaine trivialité, si l'auditoire est complice. Ainsi Thierry Cornillet, député européen, lors du Conseil national de l'UDF[1] :

> « Le deuxième point, c'est que j'ai lu que nous serions le cul entre deux chaises. Ce n'est pas cela. Nous sommes en train de construire le troisième siège ! Nous avons commencé par le tabouret, nous sommes passés à une chaise confortable et nous souhaitons, François, en 2012, t'offrir un fauteuil, celui de chef de l'État. »

L'orateur récupère habilement la question des deux chaises et file assez habilement l'image du *« troisième siège »*, sur le mode de l'amplification (tabouret, chaise, fauteuil).

Mais de plus glorieux orateurs ont su tirer parti du trait d'humour. Nous avons déjà cité le discours du général de Gaulle à Montréal, du 24 juillet 1967, qui commençait par :

> « C'est une immense émotion qui remplit mon cœur en voyant devant moi la ville française de Montréal. Au nom du vieux pays, au nom de la France, je vous salue de tout mon cœur. »

Et d'ajouter :

> « Je vais vous confier un secret que vous ne répéterez pas. »

On imagine l'hilarité de ses auditeurs.

Quant à la syntaxe, ne craignez pas certaines licences

Un discours, on l'a vu, offre mille possibilités de tours et de formules à la guise de l'orateur. La syntaxe offre elle-même des souplesses, pour peu que l'orateur soit un peu habile. Et les meilleurs esprits ne

---

1. Paris, 10 mai 2007.

se sont pas privés de chahuter la langue. Comme le dit magnifiquement Henri Suhamy[1], *« la rhétorique se souvient qu'elle est un art et que l'art refuse parfois les contraintes de la logique ou du formalisme grammatical »*.

Parmi ces souplesses, on retiendra ce que les universitaires appellent les « tropes de fonction » ou les « tropes grammaticaux », en l'occurrence des figures liées aux manipulations de la syntaxe ordinaire.

L'énallage, par exemple. Cette figure joue sur les catégories grammaticales de base (temps, nombres, personnes, fonctions, etc.). C'est le cas, de *« voter utile »* : en toute rigueur, on devrait dire « voter utilement » (verbe + adverbe). «Voter utile » permet de ramasser la formule, comme dans *« manger idiot »*. On peut jouer à ce petit jeu à l'infini : *« gouverner avec des mais »*.

Bien entendu, on évitera ces licences dans des discours académiques et/ou prononcés dans des circonstances graves : ces tours servent essentiellement dans des discours nerveux, combatifs.

---

1. Henri Suhamy, *op.cit.*

Chapitre 5

Comment terminer votre discours

La fin du discours n'est pas encadrée par des codes particuliers : on déterminera la méthode en fonction des circonstances, de l'état d'attention de l'auditoire, de tous les micro-événements qui auront marqué le discours et sa réception. Gare toutefois aux fins « en eau de boudin ». Selon les cas, on jouera la carte de la sobriété ou celle de l'emphase, celle de la raison ou celle de l'émotion.

Terminez sur des remerciements et/ou des vœux

Le plus simple et le plus classique, c'est le « Je vous remercie » que l'on trouve souvent. Mais on peut être plus inventif, et plus solennel… à la manière de Charles de Gaulle[1], dans son allocution à l'École militaire :

> « Pour jouer ce rôle et pour remplir ce devoir, Messieurs, j'ai confiance en vous et j'ai confiance dans les chefs qui ont la charge de vous diriger.
>
> Messieurs, j'ai l'honneur de vous saluer. »

---

1. Le 15 février 1963.

De Gaulle avait, entre autres talents d'orateur, le chic pour les fins relevées, comme à Moscou en 1966, quand il termina par des vœux prononcés en russe :

> « À chaque homme et à chaque femme russes qui m'entendent et me regardent, j'adresse de tout cœur mes remerciements pour le magnifique accueil qui m'a été fait ici par le peuple et par ceux qui ont la charge de le conduire. À chacune et à chacun de vous, j'exprime mes meilleurs souhaits pour sa vie, pour celle des siens, pour celle de son pays. À tous, je dis que la France nouvelle est l'amie de la Russie nouvelle.
>
> Vive l'Union Soviétique ! Vive l'amitié de la Russie et de la France ! »

Méthode reprise par François Mitterrand devant la Knesset en 1982 :

> « Je voudrais, avant de conclure vous dire ces simples mots : *"Hayim aroukin ve shalom le'am Israel. Hayim aroukin shalom le'amey haezor*[1] *"*. Oui, *shalom*, amis, et longue vie ! »

Terminez sur une ouverture poétique, émouvante

Je ne peux me retenir de citer encore une fois mon directeur d'école, M. Marc Daniel[2], lequel, après avoir reconnu que…

> « … tout le temps que j'ai consacré à cette école, aux enfants, aux collègues, aux parents d'élèves, aux multiples réunions de toutes sortes, aux fêtes, aux diverses manifestations de toutes sortes, tout ce temps, je l'ai bien sûr donné volontiers mais en même temps, pendant toutes ces dernières années, beaucoup de ce temps a été volé à ma vie privée… »

… choisit de terminer, contre toute attente, sur une formule d'une beauté saisissante :

> « … et cela constitue, envers celle qui partage ma vie, une dette qui relève de l'éternité… »

Très émouvant, Monsieur le Directeur, et tous nos vœux pour une retraite longue et heureuse avec Madame.

---

1. « Longue vie au peuple d'Israël, longue vie aux peuples de la région. »
2. Discours de départ à la retraite, le vendredi 23 juin 2000.

Très belle aussi, cette chute du discours d'Adrienne Clarkson au cimetière de Grosbeeck[1] :

> « Nos anciens combattants sont revenus se souvenir de leurs camarades tombés au champ d'honneur et s'émerveiller de la transformation que ce pays a connue en 60 ans. À vous qui portez les cicatrices physiques et émotives de cette lutte pour la liberté, et à tous vos frères morts, nous disons : "Merci, et que Dieu vous bénisse pour tout ce que vous avez donné." »

Comme pour certains concerts, il est des discours à la fin desquels applaudir serait déplacé.

Terminez sur une péroraison de coupe classique

Ah, la péroraison (*cf.* p. 38 pour exemple) ! S'il était une seule figure qui puisse incarner à elle seule la combinaison de la rhétorique et du discours, ce serait la péroraison. Laquelle correspond exactement à la *coda* en musique. Preuve de cette capacité à incarner le discours : le verbe « pérorer » qui en découle, et qui n'est pas vraiment flatteur. On réservera donc cette figure aux grands discours, aux circonstances marquantes, quand l'orateur reprend son souffle après avoir longuement promené son auditoire, quand il doit jeter ses dernières forces dans la bataille.

Exemple éclatant avec le discours de Nicolas Sarkozy au Bourget. Après avoir longuement détaillé son programme, il aborde la fin de son discours et mène une péroraison en deux temps :

[Péroraison, première phase]

> « Mes chers amis,
>
> C'est une nouvelle, une belle, une grande histoire qui se construit à partir d'aujourd'hui. Elle doit concerner chacun. Je vous le dis du fond de mon cœur. Peu importe ce que vous avez fait dans le passé. Peu

---

1. Discours de Son Excellence la très honorable Adrienne Clarkson, à l'occasion de la cérémonie du Souvenir au cimetière de guerre de Groesbeek, le 3 mai 2005.

importe qui vous avez préféré, choisi ou soutenu. Peu importe de quelle famille politique vous êtes issu. […]

Travaillons ensemble, sans arrière-pensées, pour construire. […]

Tous ensemble pour aider le gouvernement de Jean-Pierre Raffarin à poursuivre son action réformatrice. […]

Voilà, j'avais hâte que l'histoire commence. Nous y sommes. J'ai envie de dire : Enfin ! […] »

[Péroraison, deuxième phase]

« Mes chers amis,

J'ai besoin de vous comme jamais sans doute je n'en ai eu besoin. Je ferai tout pour mériter votre confiance […].

Cette énergie que je sens aujourd'hui au Bourget, nous allons la faire partager par la France.

Cette force que j'ai en moi, je vais vous la donner. Cette volonté que j'éprouve, je vais vous la dédier. Cette confiance qui m'appartient, je vais vous la faire partager.

Ensemble, nous allons faire de l'UMP le grand mouvement populaire dont vous avez rêvé.

Mes amis, un nouvel horizon est devant nous, c'est maintenant qu'il faut faire de nos rêves une réalité ! »

Clore une péroraison sur une formule frappante (une « clausule ») est évidemment souhaitable. Ainsi Danton[1] :

« Pour les vaincre, Messieurs, il nous faut de l'audace, encore de l'audace, toujours de l'audace, et la France est sauvée. »

« *Et la France est sauvée.* » M. Sarkozy n'a pas osé, et pourtant :

« Mes amis, un nouvel horizon est devant nous, c'est maintenant qu'il faut faire de nos rêves une réalité, et la France est sauvée. »

Sans vouloir lui donner des conseils, l'effet eût été des plus heureux.

---

1. 2 septembre 1792, cité par Henri Suhamy, *op. cit.*

« Soyez insatiables. Soyez fous »

La clausule, si elle est réussie, peut laisser les auditeurs en quasi-état de grâce. Bel exemple, à notre avis, que la clausule du discours de Steve Jobs[1], qui se pose quasiment en gourou ou en maître de sagesse devant les étudiants :

« Votre temps est limité, ne le gâchez pas en menant une existence qui n'est pas la vôtre. Ne soyez pas prisonnier des dogmes qui obligent à vivre en obéissant à la pensée d'autrui. Ne laissez pas le brouhaha extérieur étouffer votre voix intérieure. Ayez le courage de suivre votre cœur et votre intuition. L'un et l'autre savent ce que vous voulez réellement devenir. Le reste est secondaire.

Dans ma jeunesse, il existait une extraordinaire publication *The Whole Earth Catalog*, l'une des bibles de ma génération. Elle avait été fondée par un certain Stewart Brand, non loin d'ici, à Menlo Park, et il l'avait marquée de sa veine poétique. C'était à la fin des années 1960, avant les ordinateurs et l'édition électronique, et elle était réalisée entièrement avec des machines à écrire, des paires de ciseaux et des appareils Polaroid. C'était une sorte de Google en livre de poche, trente-cinq ans avant la création de Google. Un ouvrage idéaliste, débordant de recettes formidables et d'idées épatantes.

Stewart et son équipe ont publié plusieurs fascicules de *The Whole Earth Catalog*. Quand ils eurent épuisé la formule, ils sortirent un dernier numéro. C'était au milieu des années 1970, et j'avais votre âge. La quatrième de couverture montrait la photo d'une route de campagne prise au petit matin, le genre de route sur laquelle vous pourriez faire de l'auto-stop si vous avez l'esprit d'aventure. Dessous, on lisait : "Soyez insatiables. Soyez fous." C'était leur message d'adieu. Soyez insatiables. Soyez fous. C'est le vœu que j'ai toujours formé pour moi. Et aujourd'hui, au moment où vous recevez votre diplôme qui marque le début d'une nouvelle vie, c'est ce que je vous souhaite.

Soyez insatiables. Soyez fous.

Merci à tous. »

---

1. Le 15 juin 2005 à Stanford : "Stay Hungry. Stay Foolish" (discours disponible sur www. lemagchallenges.nouvelobs.com/artic...04/a277084.html).

Annexes

Des exemples de plan

Un exemple de plan tout terrain

Soit ce discours du préfet du Val-de-Marne, Bernard Tomasini, lors de l'inauguration d'un guichet unique Anpe/Assedic[1] le 11 juillet 2007. Le plan suivi est celui-ci, qui ressemble à s'y méprendre à celui d'une dissertation : intro, thèse, antithèse, synthèse et conclusion. Bon sang d'énarque ne saurait mentir :

- énoncé de la circonstance (intro) ;

- rappel des objectifs (thèse) ;

- difficultés résiduelles (antithèse) ;

- perspectives/solutions (synthèse) ;

- hommages aux acteurs (conclusion).

En voici l'illustration :

[Ouverture classique et rappel de la circonstance du discours (intro)]

« Je suis particulièrement heureux de participer avec vous à l'inauguration du premier guichet unique Assedic (Association pour l'emploi dans l'industrie et le commerce)/Anpe (Agence nationale pour l'emploi) de France.

[Rappel de l'objectif général, puis des objectifs particuliers (thèse)]

---

1. www.val-de-marne.pref.gouv.fr/ns/Niv21/Discours/2007/3.htm

En effet, ce guichet unique concrétise d'abord la volonté d'améliorer le service rendu aux usagers, en simplifiant les démarches des demandeurs d'emploi.

Il s'inscrit dans la mise en œuvre de la convention État/Anpe/Unedic (Union nationale pour l'emploi dans l'industrie et le commerce) du 5 mai 2006 relative à la coordination des actions du service public de l'emploi, qui proclame la volonté des signataires :

* de proposer aux demandeurs d'emploi une offre de service personnalisée ;
* de fournir aux entreprises un service adapté pour le recrutement de leurs collaborateurs ;
* d'organiser les conditions opérationnelles et les procédures d'accompagnement de la recherche d'emploi avec les services de l'État.

Premier "fruit" de la convention État-Anpe-Assedic, le Dossier unique du demandeur d'emploi (DUDE) contribue à placer le demandeur d'emploi au centre d'un dispositif d'informations partagé.

La volonté du gouvernement et des partenaires du service public pour l'emploi a été de créer un dossier unique pour le suivi du demandeur d'emploi utilisable par l'ensemble des organismes de placement. Il doit rendre plus lisibles les actions des différents intervenants, afin de faciliter le parcours du demandeur d'emploi, rendre plus efficace les actions de suivi et d'orientation, et, bien entendu, de faciliter l'exercice du suivi et du contrôle par une information partagée.

La mise en œuvre du DUDE qui est réalisée par phases successives doit permettre :

* d'orienter le demandeur d'emploi sans qu'il ait besoin de présenter son parcours à chaque nouvel entretien ;
* d'outiller l'accompagnement par une vue transversale des actions conduites par différents partenaires ;
* de s'assurer de la cohérence de l'action des différents partenaires dans le cadre des prestations offertes (Assédic, Anpe, missions locales, AFPA…) ;
* d'identifier au plus vite les demandeurs d'emploi éligibles aux actions prioritaires afin de faciliter leur retour à l'emploi.
* par son déploiement au sein des maisons de l'emploi et par la mise en place de référents personnalisés, d'être connu, écouté et compris. [...]

[Limites et difficultés (antithèse)]

L'organisation de ce dispositif très attendu tant par les usagers que par les élus est certes complexe à l'échelle départementale, mais un dispositif absolument indispensable car il faut d'abord prendre en compte l'état des lieux des implantations et les périmètres de compétence des Agences locales ANPE et des Antennes Assedic préexistantes, ce qui rentre dans le travail normal de simplification.

[Solution (synthèse)]

Pour surmonter ces difficultés et aboutir à la définition d'implantations répondant aux objectifs de la convention cadre nationale, j'ai demandé qu'un groupe de travail réfléchisse à une organisation territoriale pertinente, c'est-à-dire de nature à faciliter les démarches de nos concitoyens en recherche d'emploi.

La réalisation de l'objectif passe par la mise en œuvre d'une politique immobilière concertée : nous en voyons ici le résultat.

[Remerciements aux acteurs (conclusion)]

Si vous le permettez, j'en profite pour saluer la contribution de vos deux réseaux [...].

J'en profite pour saluer les démarches nouvelles de l'ANPE, [...].

Enfin ici, à Sucy-en-Brie, où la municipalité a créé un service emploi de longue date et siège de la communauté d'agglomération du Haut Val-de-Marne, je tiens à saluer également les initiatives des collectivités locales [...].

Merci à toutes celles – Mesdames les directrices de l'Assedic et de l'Anpe notamment – et ceux qui ont permis à ce guichet unique de voir le jour, et à tous ceux qui contribueront à en faire chaque jour un lieu de service aux demandeurs d'emploi dans le respect des principes de notre République, soucieux d'accorder à chacun des usagers une oreille attentive et des propositions pour lui permettre de retrouver un emploi dans les meilleurs délais possibles. [...]

N'oublions pas que les usagers du service public de l'emploi, s'ils en sont – j'espère - les bénéficiaires, en sont aussi les évaluateurs.

Je vous appelle à poursuivre sans relâche votre activité pour trouver à chacun un emploi à la hauteur de ses compétences et rendre effectif le droit au travail.

Je vous remercie. »

Un autre exemple : la foire aux fromages

Le plan adopté est différent : il procède par élargissements. Profitant de cette circonstance, Mme Évelyne Ratte[1], la préfète, va développer, ambitieusement, cinq points :

- tradition et modernité ;

- problèmes et inquiétudes du monde agricole ;

- problèmes spécifiques des éleveurs ;

- situation hydrologique du département ;

- raisons d'espérer.

On le voit, ceux qui étaient venus pour se remplir la panse ne seront pas déçus :

« Je tiens, Monsieur le Président, à vous remercier de m'avoir conviée à l'inauguration de la 39e foire aux fromages de La Capelle, qui constitue la grande rentrée agricole et rurale de notre département.

Je ne vous cache pas mon admiration, de constater le nombre et la qualité des différents exposants de produits du terroir et des éleveurs venus promouvoir leurs animaux dans les différents concours. Je relève la participation d'exposants d'autres départements, mais aussi de Belgique, d'Allemagne, d'Écosse, du Pays de Galles, de Pologne, de Roumanie, ce qui atteste, si besoin est, de l'aura dont bénéficie la foire de La Capelle très au-delà des contours de l'Aisne, et ce depuis maintenant presque 40 ans. […]

1. La rencontre et le **dialogue entre les consommateurs et les exposants** constituent le fil conducteur et fédérateur de la foire. Ils permettent de porter et de promouvoir conjointement la tradition et la modernité, et par là de faire partager la réalité des exploitants agricoles, faite d'opportunités à saisir, d'incertitudes, voire d'inquiétudes.

Tradition, dans la mesure où les produits exposés résultent d'un savoir-faire éprouvé et transmis avec amour, de génération en génération. Les consommateurs achètent certes un produit pour ses qualités alimentaires, mais

---

1. Discours de Mme le préfet de l'Aisne à la foire aux fromages de La Capelle, le dimanche 3 septembre 2006. Les soulignements sont de l'auteur (version complète : www.aisne.-pref.gouv.fr/2007/discours).

aussi parce qu'il véhicule une identité, une image et les valeurs d'un savoir-faire et d'un terroir, qui confèrent toujours, de manière implicite, un gage indéniable de qualité.

Tradition, oui, mais dans **la modernité** la plus résolue, dans le sens où la foire aux fromages est l'occasion de satisfaire aux exigences les plus poussées du consommateur contemporain, féru de questions sur l'origine du produit qu'il consomme et le détail de sa production.

Un consommateur achète de plus en plus comme un tout un produit et les garanties procurées par la manière dont il a été produit. [...]

2. La foire aux fromages est également l'occasion **de recenser** et de **faire partager les sujets**, les problèmes et les inquiétudes du moment du monde agricole.

Je ne m'attarderai pas sur les grands dossiers des **négociations internationales**, OMC, PAC. Chacun sait que le Gouvernement est fermement déterminé à préserver le potentiel agricole français ainsi que notre présence sur les marchés mondiaux qui constituent un débouché naturel et capital de nos produits.

Une mention particulière cependant au titre de la PAC pour la programmation du **FEADER** pour la période 2007-2013 qui présente un intérêt majeur pour notre agriculture départementale et qui va s'engager rapidement. [...]

Les modalités de mise en œuvre de la réforme de la PAC ont été modifiées pour répondre aux attentes des exploitants agricoles. [...]

3. Je souhaite aborder deux sujets plus spécifiques **aux éleveurs**, sur cette terre d'élevage qu'est la Thiérache.

En premier lieu, je me réjouis de la création de la coopérative laitière Nord-Aisne-Ardennes [...].

Par ailleurs, s'agissant **du PMPOA**, les échéances de la fin du programme se rapprochent et il s'agit clairement de ne pas laisser sur le bord de la route les éleveurs déterminés à en bénéficier. [...]

4. J'appelle également votre attention sur **la situation hydrologique** de notre département. Une fin d'été particulièrement arrosée pourrait à première vue faire penser que tout va bien. [...]

[Et sans transition]

Parlons plutôt de ce qui est expansion, c'est-à-dire des projets de développement structurants : [...]

Je sais qu'un autre projet [...]

La mise en place du pôle de compétitivité **« industries et agro-ressources »** [...]

[Péroraison : félicitations aux acteurs]

Comme vous voyez, un survol très rapide des aspects de notre agriculture qu'illustre la foire de La Capelle nous a menés, des menus plaisirs de la table pour tout un chacun, aux grands équilibres intéressant l'avenir de l'humanité tout entière, ceux de l'eau et de l'énergie, ceux de l'espace aussi et du partage de ses utilisations.

La puissance de l'Aisne, c'est tout cela à la fois, et notre avenir dépend de notre aptitude à développer de conserve tous ces atouts, ce à quoi le monde agricole s'attache avec talent, imagination et courage, en synergie avec tous les autres aspects et secteurs de l'économie et de la société axonaise. La présence ici du Président Serge Renaud et du Président Auguste Lecreps, autour du Président Pinta en témoigne.

Le rôle de l'État est d'assurer un équilibre entre les ressources et leur utilisation et d'encourager les énergies. Soyez assurés qu'il y veille et y emploie toute son autorité.

Je ne voudrais pas terminer sans saluer, très sincèrement, la qualité des rapports qui existent entre toutes les parties prenantes au développement de notre département, et tout particulièrement la valeur, l'engagement et le sens du bien public qui anime les élus, les responsables professionnels et toutes les personnalités éminentes avec lesquelles, depuis un an, j'ai eu le privilège de travailler.

Lorsque j'arrivais il y a juste un an, je leur exprimais ma confiance ; depuis que je les connais bien, j'y ajoute ma profonde estime, fondée sur l'expérience.

Je vous remercie de votre attention. »

Les conseils d'un expert

L'art de plaider (extrait), Me Jean-Marc Varaut[1]

En guise d'épilogue, les recommandations d'un expert…

« [...] Le premier impératif pour l'orateur est d'être écouté. Écouté et entendu. Pour être entendu il faut que la voix porte le sens. Le corps de l'avocat parle au corps de celui qui l'écoute. Il n'y a pas de parole sans une voix contrôlée qui la porte. L'*energeia* de la voix humaine est l'expression de la personne. C'est par elle que va se créer un courant d'intérêt ou de sympathie entre celui qui se tait et celui qui lui parle. On oublie trop que c'est l'auditoire autant que l'orateur qui fait le discours. Le discours est un dialogue même s'il semble qu'il n'y ait qu'une seule parole. La pensée, la parole et l'amour ne sont pas des choses que l'on puisse faire seul.

Toute plaidoirie commence par un exorde, comporte deux parties, la narration des faits et la discussion des preuves qui comporte le raisonnement ou argumentation, et inclut la réfutation de la thèse adverse qui peut être une troisième partie, et se conclut par la péroraison qui est la fin du discours.

1. L'exorde est capital. Il est destiné à donner aux juges *l'envie d'écouter*.

Pour obtenir cette attention bienveillante à une heure souvent peu propice à l'attention éveillée, vers 13 h 30/14 heures, l'avocat a pour toute arme "cette arme nue qu'est un assemblage de mots". Il y a bien des manières de commencer. Selon la nature de la cause il peut être recommandé de

---

1. Membre de l'Institut, avocat au Barreau de Paris, texte paru dans Les Annonces de la Seine du jeudi 11 avril 2002 (disponible sur le site de l'Académie des Sciences morales et politiques www.asmp.fr/fiches_academiciens/textacad/varaut/artplaider.pdf).

choisir l'affirmation d'un principe ou d'une valeur partagée par les juges, d'où l'on verra les développements qui suivent s'y plier d'eux-mêmes. Peut-être aussi une métaphore ou une anecdote. Il est recommandé, quand la cause est difficile et l'opinion probable des juges défavorable, de ne point les heurter dès le début, mais au contraire de partager leur sentiment.

L'exorde doit être en tout cas toujours approprié, quant au ton et à la longueur, à la cause, l'exorde se compose à la fin de l'étude du dossier, lorsque les autres parties du discours ont été rédigées. Mais il est parfois de bonne rhétorique de supprimer l'exorde. Ainsi le célèbre *ex abruto* de Cicéron : "… jusqu'à quand, Catilina, vas-tu lasser notre patience ?" Ou encore comme de Gaulle dans son discours à Alger du 4 juin 1958 : "Je vous ai compris."

2. La narration est sans doute la partie la plus importante du discours et souvent la plus négligée. Il s'agit pourtant de présenter sous un jour favorable l'objet de la contestation. Ce n'est pas manquer au devoir de véracité que de dire que l'exposé doit être *tendancieux*. Il faut rapporter les faits de façon à inviter l'auditoire à décrypter spontanément en droit ce qui lui est raconté. De quoi s'agit-il ? Il n'est pas en effet à ce stade d'autre règle que *d'intéresser*.

La *clarté* doit accompagner la *brièveté*. La clarté est la bonne foi de l'avocat. Elle est le signe de son honnêteté. Sa politesse à l'égard de ses auditeurs. Il faut enfin que la narration soit *vraisemblable*, c'est-à-dire crédible. On rejoint sur ce point la grande question de la vérité judiciaire. L'objet du débat judiciaire n'est pas d'atteindre une vérité indubitable telle que les esprits devront s'incliner devant elle. Deux thèses sont en effet le plus souvent en présence. Il est relativement rare que l'une de ces thèses s'impose comme évidente. Sinon il n'y aurait pas de procès. C'est la thèse la plus vraisemblable, la plus probable ou la plus équitable aussi qui devra l'emporter. D'où l'importance de la vraisemblance de la narration.

Mais il est évident qu'il y a aussi beaucoup d'affaires où les faits ne sont pas contestés.

3. À ce stade **une réflexion sur l'improvisation** [s'impose]. Elle est l'une des qualités maîtresses de l'avocat. C'est la faculté de saisir le moment pour s'y adapter sans être préparé comme si la parole naissait de l'écoute. Le silence qui souvent précède l'improvisation est la condition essentielle de l'effet de celle-ci. Il se fait une mystérieuse alliance du silence, du surgissement de la parole qui semble puisée dans le silence, et de la participation de celui qui entend et qui adhère.

Improviser n'est pas parler au hasard.

Pour être pertinente l'improvisation doit être guidée par un but et ne pas s'égarer dans les voies hasardeuses et vite lassantes de la divagation. Les meilleures improvisations sont celles qui sont portées dans la tête pendant plusieurs jours, sans intention précise, et, qui, quand la note est donnée, répondent à l'instant par toute une sonate.

4. La discussion naît de la narration. Elle en est la répétition juridique. Si la narration a été bien conduite, elle a déjà amené le juge à discerner ce qui est en discussion. Il a saisi l'enjeu. Il a déjà ainsi parcouru la moitié du chemin qui le conduira au jugement. C'est le moment de la comparaison des actes et des preuves et le contrôle des uns par les autres.

Bien entendu la discussion est d'abord écrite. Elle doit l'être pour soutenir la parole orale et éviter la confusion. Il ne s'agit plus seulement de plaire ou d'émouvoir, selon la division bien connue des trois fonctions de l'art de persuader : *docere*, *movere*, *delectare*, enseigner, émouvoir, plaire…, mais désormais de convaincre.

L'esthétique de la persuasion doit être toute fonctionnelle. Tout artifice est exclu. Une plaidoirie passe ou ne passe pas. L'inattention, la défiance, le préjugé ou l'endormissement sont les obstacles que l'avocat doit sur-monter.

La mémoire qui dépend avant tout de l'état physique et l'eurythmie des phrases sont au nombre des conditions pour "passer". Aussi de ne pas parler "comme un livre". La langue parlée n'est pas la langue écrite.

Pour que la parole soit fonctionnelle, on doit apprendre à s'exprimer. Quin-tilien la nomme l'art de bien parler et le mot *bien* a pour lui un sens moral autant qu'esthétique. La rhétorique est la voix d'une conviction raisonnée et justifiée. Elle est la syntaxe du contradictoire.

Les figures de styles prolongent cet art de persuader.

Choisissons deux exemples de figures. L'une est l'*épanalepse*. C'est une figure de répétition. Il s'agit par ce procédé d'exprimer une tension pathé-tique. Pathétique est la figure de sincérité. Le procédé répétitif doit en effet convaincre l'auditoire que le discours n'est pas un procédé. Ainsi quand le Général de Gaulle dans l'appel du 18 juin 1940 s'écrie : "Car la France n'est pas seule ! elle n'est pas seule ! elle n'est pas seule." Il emploiera ce même procédé répétitif dans d'autres occasions "Hélas ! hélas ! hélas !"

C'est aussi l'*allégorie* qui est sans réplique. À l'allégorie on ne peut répondre utilement que par une autre allégorie. C'est ce qui s'est passé en 1982 à la Chambre des Communes : "Si Ulysse avait écouté le chant des sirènes, dit Mrs Thatcher, son navire aurait sombré et il n'aurait pu rentrer à bon port." À quoi un député de l'opposition travailliste répondit : "1/Ulysse a écouté le chant des sirènes. 2/Son navire s'est échoué. 3/Il est tout de même rentré à bon port. 4/Je demande une commission d'enquête sur l'état des études classiques dans le Royaume-Uni…"

La forme et le sens sont inséparables. Le sens est dans l'expression et l'expression fait sens. D'ailleurs face à celui qui parle, il y a un autre avocat ou un procureur qui est là pour démasquer la fausse rhétorique, l'incohérence, la contradiction, l'obscurité volontaire.

5. La péroraison est la conclusion de la plaidoirie. Il s'agit pour l'avocat de récapituler l'ensemble des arguments employés, sans les répéter : "donner les derniers coups de marteau".

Mais il faut là encore être clair et concis. "Tout ce qui n'ajoute pas diminue, dit Quintilien, et une passion qui décroît est bientôt éteinte." De même Cicéron : "Rien ne sèche si vite qu'une larme." Il faut savoir terminer : *veni, vidi, vici*. Rien n'est plus insupportable que les avocats qui ne savent pas "sortir leur train d'atterrissage" et qui font attendre interminablement la chute.

Plaider c'est l'art de donner un corps à une cause, non des mots à un discours. Un art ou plutôt une technique toute d'exécution et de circonstances. L'art de plaider c'est alors de rendre invisible la technique. Un art ou une technique surchargés d'exigence morale aussi. Bien parler renvoie au bien. »

Des discours repères

Discours sur la peine de mort
de Maximilien de Robespierre [1]

Qualités retenues : la langue, l'élégance, la richesse argumentaire, la beauté rhétorique… On ne relit jamais assez ses classiques.

« La nouvelle ayant été portée à Athènes que des citoyens avaient été condamnés à mort dans la ville d'Argos, on courut dans les temples, et on conjura les dieux de détourner des Athéniens des pensées si cruelles et si funestes. Je viens prier non les dieux, mais les législateurs, qui doivent être les organes et les interprètes des lois éternelles que la Divinité a dictées aux hommes, d'effacer du code des Français les lois de sang qui commandent des meurtres juridiques, et que repoussent leurs mœurs et leur constitution nouvelle. Je veux leur prouver, 1° que la peine de mort est essentiellement injuste ; 2° qu'elle n'est pas la plus réprimante des peines, et qu'elle multiplie les crimes beaucoup plus qu'elle ne les prévient.

Hors de la société civile, qu'un ennemi acharné vienne attaquer mes jours, ou que, repoussé vingt fois, il revienne encore ravager le champ que mes mains ont cultivé, puisque je ne puis opposer que mes forces individuelles aux siennes, il faut que je périsse ou que je le tue ; et la loi de la défense naturelle me justifie et m'approuve. Mais dans la société, quand la force de tous est armée contre un seul, quel principe de justice peut l'autoriser à lui donner la mort ? quelle nécessité peut l'en absoudre ? Un vainqueur qui fait mourir ses ennemis captifs est appelé barbare ! Un homme fait qui égorge

---

1. Le 30 mai 1791 au sein de l'Assemblée constituante (ledroitcriminel.free.fr/la_science_criminelle/les_sciences_juridiques/la_loi_penale/sanction/robespierre_peine_de_mort.htm).

un enfant qu'il peut désarmer et punir paraît un monstre ! Un accusé que la société condamne n'est tout au plus pour elle qu'un ennemi vaincu et impuissant ; il est devant elle plus faible qu'un enfant devant un homme fait.

Ainsi, aux yeux de la vérité et de la justice, ces scènes de mort, qu'elle ordonne avec tant d'appareil, ne sont autre chose que de lâches assassinats, que des crimes solennels, commis, non par des individus, mais par des nations entières, avec des formes légales. Quelque cruelles, quelque extravagantes que soient ces lois, ne vous en étonnez plus : elles sont l'ouvrage de quelques tyrans ; elles sont les chaînes dont ils accablent l'espèce humaine ; elles sont les armes avec lesquelles ils la subjuguent : elles furent écrites avec du sang. Il n'est point permis de mettre à mort un citoyen romain : telle était la loi que le peuple avait portée. Mais Sylla vainquit, et dit : Tous ceux qui ont porté les armes contre moi sont dignes de mort. Octave et les compagnons de ses forfaits confirmèrent cette loi.

Sous Tibère, avoir loué Brutus fut un crime digne de mort. Caligula condamna à mort ceux qui étaient assez sacrilèges pour se déshabiller devant l'image de l'empereur. Quand la tyrannie eut inventé les crimes de lèse-majesté, qui étaient ou des actions indifférentes ou des actions héroïques, qui eût osé penser qu'elles pouvaient mériter une peine plus douce que la mort, à moins de se rendre coupable lui-même de lèse-majesté ?

Quand le fanatisme, né de l'union monstrueuse de l'ignorance et du despotisme, inventa à son tour les crimes de lèse-majesté divine, quand il conçut, dans son délire, le projet de venger Dieu lui-même, ne fallut-il pas qu'il lui offrît aussi du sang, et qu'il le mit au moins au niveau des monstres qui se disaient ses images ?

La peine de mort est nécessaire, disent les partisans de l'antique et barbare routine ; sans elle il n'est point de frein assez puissant pour le crime, Qui vous l'a dit ? avez-vous calculé tous les ressorts par lesquels les lois pénales peuvent agir sur la sensibilité humaine ? Hélas ! avant la mort, combien de douleurs physiques et morales l'homme ne peut-il pas endurer !

Le désir de vivre cède à l'orgueil, la plus impérieuse de toutes les passions qui maîtrisent le cœur de l'homme. La plus terrible de toutes les peines pour l'homme social, c'est l'opprobre, c'est l'accablant témoignage de l'exécration publique. Quand le législateur peut frapper les citoyens par tant d'endroits sensibles et de tant de manières, comment pourrait-il se croire réduit à employer la peine de mort ? Les peines ne sont pas faites pour tourmenter les coupables, mais pour prévenir le crime par la crainte de les encourir.

Le législateur qui préfère la mort et les peines atroces aux moyens plus doux qui sont en son pouvoir, outrage la délicatesse publique, émousse le sentiment moral chez le peuple qu'il gouverne, semblable à un précepteur mal habile qui, par le fréquent usage des châtiments cruels, abrutit et dégrade l'âme de son élève ; enfin, il use et affaiblit les ressorts du gouvernement, en voulant les tendre avec trop de force.

Le législateur qui établit cette peine renonce à ce principe salutaire, que le moyen le plus efficace de réprimer les crimes est d'adapter les peines au caractère des différentes passions qui les produisent, et de les punir, pour ainsi dire, par elles-mêmes. Il confond toutes les idées, il trouble tous les rapports, et contrarie ouvertement le but des lois pénales.

La peine de mort est nécessaire, dites-vous. Si cela est, pourquoi plusieurs peuples ont-ils su s'en passer ? Par quelle fatalité ces peuples ont-ils été les plus sages, les plus heureux et les plus libres ? Si la peine de mort est la plus propre à prévenir de grands crimes, il faut donc qu'ils aient été plus rares chez les peuples qui l'ont adoptée et prodiguée. Or, c'est précisément tout le contraire. Voyez le Japon : nulle part la peine de mort et les supplices ne sont autant prodigués ; nulle part les crimes ne sont ni si fréquents ni si atroces. On dirait que les Japonais, veulent disputer de férocité avec les lois barbares qui les outragent et qui les irritent. Les républiques de la Grèce, où les peines étaient modérées, où la peine de mort était ou infiniment rare, ou absolument inconnue, offraient-elles plus de crimes et moins de vertu que les pays gouvernés par des lois de sang ? Croyez-vous que Rome fut souillée par plus de forfaits, lorsque, dans les jours de sa gloire, la loi Porcia eut anéanti les peines sévères portées par les rois et par les décemvirs, qu'elle ne le fut sous Sylla, qui les fit revivre, et sous les empereurs, qui en portèrent la rigueur à un excès digne de leur infâme tyrannie. La Russie a-t-elle été bouleversée depuis que le despote qui la gouverne a entièrement supprimé la peine de mort, comme s'il eût voulu expier par cet acte d'humanité et de philosophie le crime de retenir des millions d'hommes sous le joug du pouvoir absolu.

Écoutez la voix de la justice et de la raison ; elle vous crie que les jugements humains ne sont jamais assez certains pour que la société puisse donner la mort à un homme condamné par d'autres hommes sujets à l'erreur. Eussiez-vous imaginé l'ordre judiciaire le plus parfait, eussiez-vous trouvé les juges les plus intègres et les plus éclairés, il restera toujours quelque place à l'erreur ou à la prévention. Pourquoi vous interdire le moyen de les réparer ? pourquoi vous condamner à l'impuissance de tendre une main secourable à l'innocence opprimée ? Qu'importent ces stériles regrets, ces réparations illusoires que vous accordez à une ombre vaine, à une cendre insensible ! elles sont les tristes témoignages de la barbare témérité de vos lois pénales. Ravir à l'homme la possibilité d'expier son forfait par son repentir ou par des actes de vertu, lui fermer impitoyablement tout retour à la vertu, l'estime de soi-même, se hâter de le faire descendre, pour ainsi dire, dans le tombeau encore tout couvert de la tache récente de son crime, est à mes yeux le plus horrible raffinement de la cruauté.

Le premier devoir du législateur est de former et de conserver les mœurs publiques, source de toute liberté, source de tout bonheur social. Lorsque, pour courir à un but particulier, il s'écarte de ce but général et essentiel, il commet la plus grossière et la plus funeste des erreurs ; il faut donc que la loi présente toujours au peuple le modèle le plus pur de la justice et de la raison. Si, à la place de cette sévérité puissante, calme, modérée qui doit les caractériser, elles mettent la colère et la vengeance ; si elles font couler le sang humain, qu'elles peuvent épargner et qu'elles n'ont pas le droit de répandre ; si elles étalent aux yeux du peuple des scènes cruelles et des cadavres meurtris par des tortures, alors elles altèrent dans le cœur des citoyens les idées du juste et de l'injuste, elles font germer au sein de la société des préjugés féroces qui en produisent d'autres à leur tour. L'homme n'est plus pour l'homme un objet si sacré : on a une idée moins grande de sa dignité quand l'autorité publique se joue de sa vie. L'idée du meurtre inspire bien moins d'effroi lorsque la loi même en donne l'exemple et le spectacle ; l'horreur du crime diminue dès qu'elle ne le punit plus que par un autre crime. Gardez-vous bien de confondre l'efficacité des peines avec l'excès de la sévérité : l'un est absolument opposé à l'autre. Tout seconde les lois modérées ; tout conspire contre les lois cruelles.

On a observé que dans les pays libres, les crimes étaient plus rares et les lois pénales plus douces. Toutes les idées se tiennent. Les pays libres sont ceux où les droits de l'homme sont respectés, et où, par conséquent, les lois sont justes. Partout où elles offensent l'humanité par un excès de rigueur, c'est une preuve que la dignité de l'homme n'y est pas connue, que celle du citoyen n'existe pas : c'est une preuve que le législateur n'est qu'un maître qui commande à des esclaves, et qui les châtie impitoyable-ment suivant sa fantaisie. Je conclus à ce que la peine de mort soit abrogée. »

Charles de Gaulle, discours sur la réforme régionale[1]

Le Général prend la parole à l'inauguration de la 50ᵉ Foire internationale de Lyon. Il expose en cette occasion les raisons de la politique de développement régional qui doit être celle de la France, et qui doit contribuer à la coopération économique européenne.

Qualités retenues : la beauté de la prose et la solidité de la structure.

« Que la Foire de Lyon s'ouvre cette année pour la cinquantième fois ; qu'elle ait eu pour antécédents de larges et francs marchés européens, inaugurés voici cinq siècles et demi en pleine guerre de Cent Ans et souvent renouvelés ensuite avec l'appui de nos rois ; qu'elle ait pris sa forme et son essor nouveaux au cours de la Première Guerre mondiale en un acte de foi dans le destin d'une France qui était alors en danger ; qu'elle se présente aujourd'hui comme la démonstration de la valeur moderne de notre économie relativement à celle des autres et multiplie ainsi les possibilités d'échanges et d'émulation, il y a là un fait éminemment national. C'est tout d'abord à ce titre que, déclarant la Foire ouverte, nous saluons la vigueur de son développement.

Mais aussi, c'est à Lyon, à son rôle, à son avenir, que nous rendons témoignage. Car si la capitale de l'ancienne Gaule fut, au temps de la Renaissance, la première place financière de l'Occident, une des villes manufacturières et marchandes les plus entreprenantes de l'Europe, le chef-lieu de la soie, de la toile et de l'imprimerie en France, elle est, à présent, par l'importance et la diversité de ses industries, textiles, chimiques, mécaniques, électriques, pétrolières, automobiles, etc., par l'étendue et la multiplicité de ses actions commerciales, par le travail et le rayonnement de son université, par tout ce qui s'y recherche, s'y invente et s'y guérit, une métropole par excellence. À cet égard, la communauté urbaine, qui assemble avec elle plus d'un million d'habitants, marque la puissance de son agglomération. Mais, voici qu'un vaste ensemble, démographique, économique, scientifique et technique, comprenant Saint-Étienne et Grenoble et dont Lyon sera le principal élément, va donner à la grande cité rhodanienne un champ humain d'expansion... deux millions et demi d'âmes au départ... proportionné à ses capacités et, pourquoi pas ?... à ses ambitions.

---

1. Lyon, le 24 mars 1968 (www.charles-de-gaulle.org/article.php3?id_article=74).

D'autant plus que toute la région Rhône-Alpes s'ordonne par rapport à ce centre. L'évolution générale porte, en effet, notre pays vers un équilibre nouveau. L'effort multiséculaire de centralisation, qui lui fut longtemps nécessaire pour réaliser et maintenir son unité malgré les divergences des provinces qui lui étaient successivement rattachées, ne s'impose plus désormais.

Au contraire, ce sont les activités régionales qui apparaissent comme les ressorts de sa puissance économique de demain. Or, dans l'hexagone fameux où l'histoire et la géographie ont placé l'essentiel de la substance française, la région du Rhône et des Alpes comporte, tout justement, d'exceptionnelles conditions de progrès.

Cela tient, d'abord, à tout ce qui, d'ores et déjà, s'y trouve à l'œuvre, quant aux usines, ateliers et métiers, quant aux sources d'énergie, quant aux activités de pointe, quant aux ressources agricoles, forestières et touristiques, quant aux idées et découvertes issues des facultés et des laboratoires. Cela tient, ensuite, à la belle et bonne Saône et au Rhône fort et bouillonnant dont le sillon forme, d'un bout à l'autre, un axe unique et direct. Cela tient, encore, au fait que cette grande communication, prolongée, d'une part, par le cours du Rhin dont aucun obstacle considérable du relief ne la sépare et débouchant, d'autre part, vers Marseille, est naturellement désignée comme la principale artère par laquelle l'Europe moderne va relier les mers du Nord à la Méditerranée. Cela tient, enfin, aux parcours plus commodes et plus rapides qui, à mesure que l'on parvient à traverser les massifs alpins, peuvent joindre entre eux les bassins du Rhône et du Pô.

Certes, pour aménager en conséquence les fleuves, les canaux, les routes, les tunnels, les centres de production du territoire, il faut un grand effort français. Mais cet effort est en cours. La construction de l'autoroute qui s'achève entre Dijon et la côte, l'électrification accomplie des chemins de fer, l'ouverture prévue, à Satolas, d'un aérodrome de première classe, les gigantesques travaux entrepris pour rendre le Rhône navigable en tout temps aux péniches de 1 300 tonnes… tout récemment, par exemple, l'écluse de Pierre-Bénite, le percement du Mont Blanc terminé en 1965, le démontrent avec éclat. Cela fait, il va falloir relier directement la voie fluviale de la Saône et du Rhône à celles du Rhin et de la Moselle et, en même temps, forer l'Épine et le Fréjus. Sans doute, notre Ve Plan devra-t-il comporter les décisions nécessaires. Car, ce qui a été accompli ici le fut parce que les initiatives et les réalisations dues aux valeurs et aux capacités lyonnaises, et tout d'abord aux vôtres, Monsieur le Maire (Louis Pradel), ainsi que les avis et les projets fournis aux pouvoirs publics, à l'échelon régional, par la Commission de développement économique régional où se déploie, Monsieur le Président (Antoine Pinay), votre éminente expérience, se sont heureusement conjugués avec les desseins que l'État poursuit au service du pays tout entier. Ce qui reste à faire doit être fait dans la même féconde harmonie.

Harmonie qui est féconde parce qu'elle est nationale. Tandis que notre unité profonde est, désormais, bien assurée, la transformation qui tend à mieux répartir toutes nos activités sur toutes les terres de notre peuple avive, du même coup, toutes les sources de notre existence. Mais aussi, chacune des régions qui sont bordées par notre frontière nous met tous, à mesure de son propre développement, en relation plus directe et plus étroite avec l'extérieur. C'est vrai pour le Nord par rapport aux pays belge, néerlandais, luxembourgeois, qui l'avoisinent ; pour la Lorraine et pour l'Alsace vis-à-vis de l'ensemble rhénan ; pour la Franche-Comté au contact de la Confédération helvétique ; pour la Provence et le Languedoc à l'égard du monde méditerranéen ; pour l'Aquitaine qui touche à la péninsule ibérique ; pour la Bretagne plongeant dans l'Atlantique ; pour la Normandie à portée des îles britanniques. Combien est-ce vrai aussi pour la région rhodanienne prolongeant le bassin du Rhin et limitrophe de l'Italie et de la Suisse !

Or, le fait est que notre pays, redevenu maître de lui-même, n'en est que plus disposé à la coopération, notamment dans le domaine économique dont, désormais, tout dépend. Il le prouve en participant activement à la Communauté des Six, en envisageant volontiers, pourvu que celle-ci demeure intacte, des arrangements quant aux échanges spécifiques à l'Europe occidentale, en développant ses rapports avec l'Est de notre continent, en élargissant ceux qu'il pratique avec le monde tout entier, enfin en se tenant prêt à apporter sa contribution à l'établissement d'un système monétaire qui serait équitable, impartial, inébranlable, et par là justifierait la confiance universelle.

Voilà pourquoi et comment l'ouverture, en 1968, de la Cinquantième Foire internationale de Lyon est une marque insigne du renouveau de la France.

Vive Lyon !

Vive la République !

Vive la France ! »

Son Excellence la très honorable Adrienne Clarkson, discours à l'occasion de la cérémonie du Souvenir au cimetière de guerre de Groesbeek[1]

Qualités retenues : le ton, la tenue, l'émotion retenue, la finesse, l'intelligence… Magnifique et magistral !

« Nous sommes venus ici pour participer à une cérémonie familiale, une cérémonie qui rassemble les peuples de deux grandes nations. En tant que Gouverneure générale du Canada et Commandante en chef des Forces canadiennes, je présente mes salutations les plus chaleureuses au peuple des Pays-Bas et l'expression de mon plus sincère respect à l'endroit de ceux et celles qui se sont battus pour ce pays.

Dans la dure épreuve de la guerre, des liens d'amitié éternelle se sont créés, et c'est là une source de joie et d'émerveillement pour les Canadiens et les Canadiennes. Nous partageons le sang avec le peuple néerlandais, et nous partageons le souvenir. Comme une famille, nous avons ensemble fait face à la tyrannie. Comme une famille, nous avons connu et ressenti les sacrifices de l'un et de l'autre. Comme une famille, nous avons pu goûter ensemble les joies durables de la libération.

Au nom des Canadiens et des Canadiennes, je dois dire que nous sommes touchés par la présence de Sa Majesté la Reine des Pays-Bas à cette cérémonie à la mémoire des morts canadiens. Nous vous remercions, Majesté, de cette expression de votre engagement et de votre sympathie. Le Canada était fier de vous accueillir dans un refuge chez nous, durant les jours les plus noirs de votre pays. Voilà une autre raison pour nous sentir en famille.

Hier, nous avons déposé une couronne devant le Livre du Souvenir à La Haye, en mémoire des horribles privations subies par le peuple néerlandais pendant la Deuxième Guerre mondiale, et en honneur de ceux qui sont morts au cours de la bataille. Quand on admire la beauté et la vitalité des Pays-Bas de maintenant, il est difficile de se souvenir, ou même d'imaginer l'état où ils se trouvaient en 1945, mais nous devons le faire. Les souffrances du peuple néerlandais à cette époque-là et la désolation de son territoire, permettent de remarquer à quel point elle est remarquable, la société que ce peuple et ses descendants ont construite et continuent d'édifier.

---

1. Le mardi 3 mai 2005 (www.gg.ca/media/doc.asp?lang=f&DocID=4433).

L'un de nos plus grands poètes canadiens, Earle Birney, accompagnait nos troupes en janvier 1945. Dans son poème "The Road to Nijmegen – Sur la route de Nijmegen", il parle de *"vieillards dans le brouillard qui tailladaient des racines à la hache/coupant les derniers copeaux au canif dans un boulevard de souches… ; des femmes/roulant dans le vent sur les jantes de leurs vélos sans pneumatiques… et les enfants qui fouillaient dans le gravier pour trouver du charbon."* Témoin de ce désastre, de cette agonie, sa conclusion fut sombre. *"Je suis ce chemin, dit-il, qui n'aboutit à aucun avenir."*

Et combien des 2 338 Canadiens enterrés ici ont dû mourir habités du même sentiment de désespérance : que leur jeunesse avait peut-être été perdue, que leur souffrance n'avait peut-être été pour rien. Eux, et leurs camarades survivants, avaient péniblement traversé quelques-uns des combats les plus féroces de la guerre, progressant près de digues brisées et parcourant des polders pratiquement infranchissables face à un ennemi fort et désespéré. Il s'agissait là d'un contraste marquant par rapport aux montagnes et aux rivières déchaînées auxquelles leurs concitoyens canadiens étaient confrontés le long de la côte adriatique en Italie ; mais tout comme pour la campagne d'Italie, l'avancée aux Pays-Bas et la bataille pour le contrôle de l'estuaire de la Scheldt a représenté une tâche affreuse, compliquée, décourageante qui emporta des milliers de victimes.

Les Canadiens qui ont lutté aussi résolument étaient les membres d'une armée presque entièrement composée de volontaires. Nous pouvons facilement comprendre comme il devait être difficile d'avoir quelque espoir pour l'avenir au beau milieu de toute l'anxiété, de la laideur et de la misère qui les entouraient. Et pourtant, leur poussée déterminée a réalisé quelque chose de bien plus important : elle a rendu cet avenir possible.

Nous sommes accompagnés aujourd'hui d'anciens combattants de ces moments horribles, des hommes qui ont donné leur jeunesse pour aider à libérer un pays très éloigné de leur foyer. Les Canadiens et les Canadiennes sont fiers de vous, les anciens combattants. Vous méritez tous les honneurs que vous recevez. C'est merveilleux que vous puissiez être ici, car pour la population des Pays-Bas, les mots "Canada" et "libération" sont tout près l'un de l'autre dans le dictionnaire. C'est formidable de voir l'amour et le respect dont les citoyens néerlandais continuent de combler tous les Canadiens, surtout nos remarquables anciens combattants, ainsi que les lieux de repos de leurs camarades. Nous sommes profondément reconnaissants pour ces touchantes manifestations.

Ce cimetière de Groesbeek est devenu une parcelle chérie du territoire canadien. Nous nous sentons à la maison quand nous venons aux Pays-Bas, et nous espérons que vous sentez le même lien de parenté quand vous venez au Canada. Quand la Princesse Margriet, la sœur de Votre Majesté, est née dans un hôpital à Ottawa, capitale canadienne, une partie du service de maternité a été déclarée territoire néerlandais. Dans le cœur des Canadiens et des Canadiennes, cependant, le peuple des Pays-Bas a revendiqué bien plus que l'espace de cette seule pièce.

Nous sommes rassemblés pour honorer et pleurer ceux que nous avons perdus. Quand nous regardons leurs tombeaux, nous pouvons nous interroger sur ce qu'ils seraient devenus s'ils avaient survécu : peut-être seraient-ils rentrés à la ferme, ou à l'épicerie familiale. On les imagine aussi avocats, professeurs, ingénieurs, et leur perte nous est d'autant plus lourde. Mais aujourd'hui le fait que nous soyons tous ensemble ici, et la réalité de la paix et du progrès dans le pays qu'ils ont aidé à libérer se trouvent les plus grandes preuves qu'ils ne sont pas morts en vain.

Nos anciens combattants sont revenus se souvenir de leurs camarades tombés au champ d'honneur et s'émerveiller de la transformation que ce pays a connue en 60 ans. À vous qui portez les cicatrices physiques et émotives de cette lutte pour la liberté, et à tous vos frères morts, nous disons : "Merci, et que Dieu vous bénisse pour tout ce que vous avez donné." »

Allocution de M. Michel Gaudin, préfet de police, devant le Conseil de Paris[1]

Qualité retenue : la solidité et l'audibilité de la structure.

« Monsieur le Maire,

Mesdames et Messieurs les Conseillers de Paris,

Je suis particulièrement heureux et honoré de m'exprimer pour la première fois devant vous, quelques jours après mon installation à la tête de la préfecture de police par Madame le Ministre de l'Intérieur, de l'Outre-mer et des Collectivités territoriales.

Depuis cette tribune, au côté du Maire de Paris, face aux élus de la Capitale, je mesure toute l'importance et l'exigence de la responsabilité qui est désormais la mienne. Je ressens profondément l'honneur que m'ont fait le Président de la République et le Gouvernement en me la confiant.

Merci Monsieur le Maire pour les mots d'accueil que vous avez bien voulu m'adresser en votre nom et au nom de tous les Conseillers de Paris. J'y suis particulièrement sensible.

Vous le savez, la relation entre la préfecture de police et la mairie de Paris est exceptionnelle à plusieurs titres :

- Elle est naturellement fondée sur un socle juridique spécifique ;
- Elle s'appuie aussi et peut être surtout sur la volonté des deux institutions de travailler ensemble pour un objectif commun : la défense de l'intérêt général, la satisfaction des Parisiens, le rayonnement de la capitale de notre pays ;
- Elle repose enfin sur le travail des hommes ; les relations avec les élus dans la diversité de leurs sensibilités et de leurs responsabilités ; l'action complémentaire des dizaines de milliers de fonctionnaires de la ville et de la préfecture de police qui œuvrent quotidiennement au service de Paris.

Vous avez souligné Monsieur le Maire l'importance que vous accordiez à ce travail en commun, à cet esprit de dialogue et de partenariat. J'y serai également très attentif à tous les niveaux et souhaite vous affirmer d'emblée ma volonté d'inscrire mon action en ce sens.

Je prends le commandement de la préfecture de police avec beaucoup de fierté et en ayant conscience de trois réalités :

---

1. Le 25 juin 2007 (www.prefecture-police-paris.interieur.gouv.fr/documentation/discours/gaudin_20070625.pdf).

- D'abord, celle de m'inscrire dans l'histoire particulièrement riche d'une grande institution qui a été forgée par les événements, par les épreuves et par la personnalité des hommes qui l'ont dirigée.

  Je tiens, à ce titre, à rendre hommage à mes prédécesseurs, Jean Paul Proust et Pierre Mutz avec qui j'ai beaucoup travaillé dans l'exercice de mes précédentes fonctions.

- Ensuite celle de pouvoir m'appuyer sur l'action et le savoir-faire de 34 000 agents dévoués au service de la ville et de ses habitants ; agents administratifs, policiers, pompiers. Ils accomplissent leur mission difficile avec courage et abnégation.

  Je veux m'incliner avec respect devant la mémoire de ceux et de celles qui dans l'exercice de leurs fonctions sont allés jusqu'au sacrifice de leur vie.

- Enfin celle de pouvoir compter sur une capacité avérée de la préfecture de police à faire face à toutes ses missions ; la lutte contre la délinquance, la criminalité et le terrorisme bien sûr ; mais aussi toutes ses missions d'accueil et de service pour l'exercice des libertés publiques et la protection des citoyens.

La préfecture de police, c'est aussi cela : l'exercice de la citoyenneté et des libertés publiques fondamentales, le secours aux personnes, notamment les plus fragiles.

Dans toutes ses missions, la préfecture de police a vocation à être un modèle, ce qui suppose un effort constant de modernisation. C'est dans cet esprit que je la dirigerai.

Alors, quelques jours après ma prise de fonction, je me garderai bien de vous livrer dans le détail une position arrêtée sur tous les sujets. Je me limiterai à vous présenter brièvement mes premières réflexions en termes de priorités d'action dans le cadre de la "feuille de route" que m'a fixée le Ministre en soulignant la nécessité d'un travail étroit avec la Ville.

- Mon premier objectif, ce sera **encore plus d'efficacité** dans la lutte contre la délinquance.

  Beaucoup a déjà été fait en ce domaine. La délinquance générale à Paris est sur une tendance à la baisse pour la cinquième année consécutive. Elle est à son niveau le plus bas depuis 20 ans. Le sentiment d'insécurité a beaucoup diminué comme l'atteste le sondage effectué en fin d'année dernière par BVA. En ce domaine toutefois, et tout responsable policier le sait bien, rien n'est jamais acquis et il faut en permanence, évoluer, anticiper, s'adapter à de nouvelles formes de délinquance.

  Nous avons notamment à faire face aux nouvelles formes de violences sur les personnes ; celles que l'on nomme les violences gratuites ou non crapuleuses et dont le nombre demeure préoccupant aussi bien sur l'espace public que dans le milieu familial.

En la matière, il faut lutter prioritairement contre toute forme d'impunité. Les coupables d'agressions violentes doivent être interpellés et répondre de leurs actes.

C'est important pour les victimes ; c'est important pour la confiance entre la population et la police.

Le taux d'élucidation a augmenté spectaculairement au cours des dernières années. Il faut encore le faire progresser avec les moyens de l'enquête mais aussi en ayant recours aux ressources de la technologie. Je pense naturellement à la police technique et scientifique, mais aussi aux nouvelles techniques d'aide au commandement (géo-localisation, transmissions), à l'équipement de la police ou à la vidéosurveillance.

La vidéo ne permet sans doute pas d'empêcher la délinquance même si elle peut avoir un effet dissuasif. Elle constitue toutefois un outil remarquable d'aide à l'élucidation. Aujourd'hui, grâce aux milliers de caméras des réseaux SNCF et RATP, une proportion de plus en plus importante des agressions dans le métro est élucidée et leurs auteurs interpellés.

En surface, Paris demeure assez substantiellement moins équipé que bien d'autres capitales mondiales ou régionales. Je crois que nous devrons réfléchir ensemble à cette question.

Il faut également travailler sur la prévention. Je sais qu'à Paris un excellent travail concret et efficace est conduit dans chaque arrondissement au sein des conseils de sécurité et de prévention. Les missions de prévention et de communication (les MPC) qui existent depuis 5 ans dans chaque commissariat conduisent une action de qualité en liaison avec les élus et tous les acteurs représentatifs du quartier. J'accorderai un intérêt tout particulier à ces questions très importantes.

Comme vous le savez, le cadre législatif de cette politique vient d'être récemment modifié par la loi du 5 mars 2007 qui a été déclinée par plusieurs décrets récemment parus. Il nous appartiendra de les mettre en œuvre.

Je crois enfin qu'il faut s'attacher à créer un environnement général favorable à la sécurité.

C'est le travail des aménageurs qui doivent intégrer cette donnée dans leurs réflexions et leurs projets.

C'est aussi l'action quotidienne conduite contre l'incivisme courant et les nuisances qui sapent la confiance dans les pouvoirs publics et peuvent favoriser l'émergence de comportements plus graves.

- Mon second objectif sera **une recherche permanente de qualité dans le travail de terrain.**

Je souhaite pour la police parisienne une action orientée vers toujours plus de proximité, toujours plus d'individualisation.

La connaissance précise des territoires, l'attention globale aux situations personnelles garantit une approche polyvalente des problèmes, un jugement affiné des situations, des décisions bien adaptées. C'est un facteur d'efficacité opérationnelle et un gage de confiance entre les citoyens et leur police.

Ce sont les principes qui fondent l'action de la police urbaine de proximité à Paris avec un découpage territorial adapté, une police de quartier au contact, une relation étroite avec les élus, avec l'administration municipale et les interlocuteurs de terrain.

La volonté de confier progressivement aux commissaires d'arrondissement la responsabilité et les moyens de gérer les enjeux pas toujours simples de la police de la circulation s'inscrit dans ce souci de donner à l'échelon territorial les moyens d'agir globalement de la manière la plus adaptée et la plus réactive en liaison avec ses interlocuteurs habituels.

La question de l'accueil est naturellement une composante essentielle de ce souci de proximité et de prise en compte de chacun.

J'accorderai à ce titre une importance toute particulière aux conditions de l'accueil, celle des victimes bien entendu qui doivent bénéficier de tout le soutien et l'assistance nécessaire mais aussi celles de tous ceux qui sont amenés à venir dans les locaux de la préfecture de police ou à entrer en contact avec ses agents. Beaucoup de choses ont été engagées mais sur cette matière très difficile dans un contexte marqué aussi par une recrudescence des attitudes agressives voire violentes contre les dépositaires de l'autorité, il s'agit d'une action de longue haleine.

- Mon troisième objectif sera **d'anticiper les risques majeurs** qui menacent la capitale.

  Je pense naturellement au risque terroriste qui demeure très présent mais aussi aux graves risques sanitaires ou naturels susceptibles de menacer la capitale.

  Les travaux qui ont été engagés sur les conséquences d'un attentat, sur le risque inondation ou sur celui de la grippe aviaire ont montré l'étendue des défis à relever.

  La réflexion sur les scénarios et l'élaboration des planifications ont été engagées dans un esprit de coopération très fructueux entre la mairie et la préfecture de police. Il faut poursuivre énergiquement en ce sens car le chantier est considérable.

- Enfin je pense qu'il faut aussi **élargir le champ de la réflexion au niveau régional**.

  Sur l'ensemble de ces questions de sécurité, l'échelle de la plaque urbaine ou du bassin de vie ne peut être éludée.

Les résultats de la police régionale des transports, le fonctionnement de la BSPP ont démontré sa pertinence tout comme le travail de gestion et de planification des moyens et des secours déjà fortement régionalisés.

Il ne s'agit pas d'une logique de transfert de moyens mais de méthode et d'organisation. Paris ne vit pas en vase clos et a naturellement intérêt à ce que la sécurité globale de la grande métropole dont elle est le centre soit assurée avec le plus d'efficacité possible.

C'est un sujet sur lequel des avancées nouvelles devront être explorées à partir de la base déjà existante et des compétences zonales dont je dispose.

Monsieur le Maire,

Mesdames et Messieurs les Conseillers de Paris,

Voilà les quelques réflexions dont je souhaitais vous faire part quelques jours après ma prise de fonction comme préfet de police de Paris.

Je voudrais vous exprimer dans cette salle du Conseil de Paris combien je me sens désormais pleinement investi à vos côtés de cette mission éminente que constitue le service de Paris et des Parisiens.

J'aborde cette fonction et cette responsabilité fort de l'expérience d'une institution au savoir-faire incontestable, conscient des évolutions permanentes qu'exige la nature même de ses missions et déterminé à tout mettre en œuvre pour faire de Paris la ville la plus sûre du monde.

Je vous remercie. »

Discours de Mme Évelyne Ratte, préfet de l'Aisne, lors de la cérémonie de félicitations des bacheliers reçus avec mention TB[1]

Qualités retenues : l'habileté des élargissements successifs et le caractère ambitieux de la péroraison.

« Mesdemoiselles, Messieurs les lauréats,

Vous venez d'obtenir la mention TB au baccalauréat, et j'imagine que vous-mêmes d'abord, vos familles à l'unisson, en éprouvez une grande joie, empreinte d'une réelle fierté.

J'ai souhaité pour ma part et au nom du **gouvernement** vous dire la joie et la fierté de la nation. Vous faites honneur à notre pays, dont chacun sait que la glorieuse histoire, la prospérité présente, et l'avenir, ont toujours dépendu de l'excellence de ses enfants.

Ce moment me donne l'occasion de réaffirmer la place de l'**excellence dans notre département**. J'ai en effet plaisir, Monsieur l'inspecteur d'Académie, à relever que sur l'ensemble des candidats l'année 2006 marque une progression de plus de 3 à 4 % des résultats selon les filières. Les résultats au bac professionnel sont même supérieurs dans l'Aisne à la moyenne régionale. J'en félicite publiquement tous les acteurs du service public de l'Éducation dans l'Aisne, et parmi eux, vous, Monsieur Domalain qui en êtes le responsable. Cette belle réussite est le meilleur encouragement pour la communauté éducative axonaise à poursuivre ses efforts.

Le baccalauréat est une des formes les plus remarquables de l'**esprit républicain** : indifférent aux origines et aux conditions, il prend acte d'une valeur constatée sur des résultats mesurables, et récompense la qualité en tant que telle. Il incarne une conception très française de la relation au savoir et à la liberté individuelle, à savoir l'idée que l'accès au savoir est une condition essentielle de la liberté.

La Mention TB y ajoute quelque chose de plus. En effet, en attestant l'excellence en termes absolus, elle reconnaît l'égalité entre tous les parcours parvenus à ce stade. Quels qu'aient été votre établissement, votre section, votre filière, vous formez désormais un groupe d'égaux au meilleur niveau.

---

1. Le jeudi 7 juillet 2006 (www.aisne.pref.gouv.fr/2007/Discours/MENTIONS_TB2.doc). Les soulignements sont de l'auteur du discours.

C'est cela la République : l'égalité par le mérite accomplissant pleinement celle que le droit instaure par nature entre tous à la naissance. Entre ces deux états, originel et accompli, de l'égalité, s'inscrit tout l'espace de l'effort, du travail, du respect dû à la connaissance et à la compétence, espace ouvert à une différenciation. C'est votre vrai mérite que de vous y être révélés les meilleurs.

Vous y avez été aidés, secondés, portés parfois, par les enseignants qui ont assuré votre formation. On ne saurait saluer votre succès sans leur en faire aussi hommage. Mais je veux aussi remercier vos parents, car la réussite de l'école républicaine passe par l'alliance entre trois acteurs dont l'accord engendre le succès : l'élève, les maîtres et les parents. C'est l'élève qui réussit, mais ce succès est un travail d'équipe, comme un but en coupe du monde.

Un avenir ouvert et prometteur s'ouvre à vous. Vos qualités vous destinent aux meilleurs cursus, et aux carrières sur lesquelles ils débouchent. Dans cette suite de votre vie, les valeurs acquises au cours d'une scolarité réussie : courage, ténacité, discipline, goût du savoir et de la vérité, désir de reconnaissance, respect de la culture, seront votre meilleur viatique.

Profitez de ce moment de grâce que marque votre beau succès. N'oubliez jamais que, s'il comporte déjà les perspectives d'une réussite sociale, il est d'abord riche d'une élévation intellectuelle et morale, d'une culture, d'un plaisir de l'esprit, qui sont la plus noble et la plus belle des richesses pour composer une réussite personnelle. Ne laissez pas se perdre ce capital de distinction que des études brillantes vous ont conféré, et qui, d'une certaine manière, engage votre responsabilité au sein de la nation.

Vous êtes une élite. À ce titre, sachez que vous n'avez aucun droit particulier, mais de réels devoirs qu'il vous appartient à vous seuls de vous donner.

Ce que vous avez reçu, partagez-le. Ce dont vous êtes capables, accomplissez-le. Le respect que vous inspirez par votre capacité, employez-le à faire le bien, dont vous serez bon juges.

C'est tout un département qui ressent de la fierté de vous savoir issus de sa population. Et nous sommes nombreux, en ce jour, à vous envier un peu des moments aussi beaux, dont je vous assure que la nostalgie reste vive tout au long de la vie.

Soyez dignes de votre réussite, nous plaçons tous beaucoup d'espoirs en elle.

Nous avons confiance en vous. »

M. Marc Daniel, discours de départ à la retraite[1]

Qualités retenues : la franchise, la simplicité, la beauté de la chute, déjà relevée dans ce livre. Et l'on ne rend pas assez hommage aux institutrices et instituteurs.

« Finalement, au cours d'une carrière professionnelle, au cours d'une vie active, on n'a pas souvent l'occasion de prendre la parole devant autant de gens qui vous écoutent. C'est assez intimidant, même pour quelqu'un qui a eu l'habitude d'avoir en permanence des élèves devant soi.

Rassurez-vous, je ne vais pas profiter de cette occasion unique pour vous infliger un discours long et indigeste. Je vais essayer de faire bref.

Tout d'abord, parlons franchement : je suis content d'arriver à l'âge de la retraite et je ne ressens aucune fausse nostalgie me poussant à prolonger ma carrière. Bien sûr, toutes ces années sont passées à la vitesse de la lumière et lorsque le moment arrive, même si l'on s'y est préparé, on trouve que le temps est passé très vite, trop vite.

Mais je pense que lorsque notre métier nous appelle à travailler devant de jeunes élèves, il faut savoir laisser la place à la relève des plus jeunes, avant de prendre un coup de vieux. Tous les collègues ici présents savent que pour "affronter" une classe, il faut être en forme 24 heures sur 24. Les enfants ont besoin d'avoir en face d'eux des adultes relativement jeunes et en pleine forme. Dans ce métier particulièrement, je pense qu'il faut savoir partir au bon moment.

Instituteur depuis 1964, j'avais choisi au départ ce métier parce que je n'avais pas les moyens de poursuivre de longues études, étant le second d'une famille de 8 enfants de milieu modeste. La vocation est arrivée plus tard, en cours de route. Je me suis mis à aimer ce métier au contact de collègues consciencieux rencontrés tout au long de ma carrière. Ils sont presque tous ici, ce soir… Merci à vous ! J'ai aimé ce métier en contact avec des enfants auxquels j'espère avoir appris quelque chose et qui, eux aussi, m'ont beaucoup apporté. Je les ai souvent préférés à certains adultes.

Je préfère le mot "instituteur", celui qui met l'enfant debout, au terme générique de "professeur des écoles".

---

1. Le vendredi 23 juin 2000 (www.pagesperso-orange.fr/marc.daniel/discours.html).

Ce qui est devenu une passion pour ce métier m'a conduit à commettre l'erreur de "prendre une direction d'école", ce qui m'a entraîné dans une spirale infernale avec toutes les conséquences que connaissent les collègues directeurs : semaines de 50 heures et plus, vie privée réduite à la portion congrue, et j'en passe... Mais comme me le font remarquer certains parfois, personne ne m'a obligé à le faire...

En fait, les challenges m'ont toujours motivé, et pourtant ce ne fut pas toujours une partie de plaisir que de défendre l'école contre vents et marées : que de déceptions et de désillusions attendent le directeur sur sa route :

- Déception des rapports avec l'actuelle Municipalité dont je ne garderai que le souvenir de luttes incessantes, jeux de rôle épuisants et stériles au cours desquels j'aurai passé mon temps à défendre les intérêts de l'école, de l'école de la commune, contre la commune !!!

- Pas d'illusions en ce qui concerne mon administration d'origine, l'Éducation nationale dont je n'attendais en fait que l'expression d'une parfaite indifférence ; pas de déception de ce côté donc...[1]

J'ai heureusement trouvé dans ce quartier, un noyau solide de familles sympathiques et compréhensives, toujours prêtes à donner un coup de main, fédérées au sein d'une amicale laïque fondée en 1983, et qui ont toujours soutenu sans rechigner ni compter tous les projets de l'équipe éducative en place. Ce fut un vrai bonheur que de travailler dans cette ambiance. En fait, sans cette amicale laïque, je ne serai sans doute pas resté à ce poste, et je me soupçonne d'avoir tout fait en 1983 pour constituer cette association afin de pouvoir travailler dans une ambiance plus familiale, moins bureaucratique. (En fait je hais les textes officiels, les réunions imposées, les conseils de toutes sortes, bref, tout ce qui est secrété et imposé par l'Administration, je peux bien le dire enfin, aujourd'hui...)

Il y a ici 5 présidents d'Amicale laïque qui se sont succédé. Ils ne sont pas étrangers à la bonne image que nous avons tous ensemble réussi à rendre à cette école. Je termine ainsi ma carrière en travaillant avec les enfants de mes premiers élèves dans ce quartier, c'est vraiment très agréable.

Merci à vous tous qui êtes là, parents, enfants, collègues... Je vous ai appréciés, je vous ai aimés, parce que vous m'avez épaulé, vous m'avez compris, vous m'avez fait confiance, vous m'avez aidé, tout au long de ces dernières années. Merci à vous !

---

1. Précision de l'auteur du discours : « Correctif du 20 avril 2002 : Un an et demi après mon départ à la retraite, j'ai reçu avec stupeur et incrédulité les fameuses "Palmes Académiques" !!! Trop tard pour atténuer le ton de mon discours du 23 juin 2000... » Dont acte !

Toute médaille a son revers et il faut bien que j'aie l'honnêteté de l'exprimer aujourd'hui : tout le temps que j'ai consacré à cette école, aux enfants, aux collègues, aux parents d'élèves, aux multiples réunions de toutes sortes, aux fêtes, aux diverses manifestations de toutes sortes, tout ce temps, je l'ai bien sûr donné volontiers mais en même temps, pendant toutes ces dernières années, beaucoup de ce temps a été volé à ma vie privée et cela constitue, envers celle qui partage ma vie, une dette qui relève de l'éternité… »

Discours de Steve Jobs[1] à Stanford :
"Stay Hungry. Stay Foolish"

Qualités retenues : la leçon de sagesse, l'émotion, la richesse au-delà de l'autobiographie. Et ce côté "think different" qui rend Jobs si attachant.

« C'est un honneur de me trouver parmi vous aujourd'hui et d'assister à une remise de diplômes dans une des universités les plus prestigieuses du monde. Je n'ai jamais terminé mes études supérieures. À dire vrai, je n'ai même jamais été témoin d'une remise de diplômes dans une université. Je veux vous faire partager aujourd'hui trois expériences qui ont marqué ma carrière. C'est tout. Rien d'extraordinaire. Juste trois expériences.

« Pourquoi j'ai eu raison de laisser tomber l'université »

La première concerne les incidences imprévues. J'ai abandonné mes études au Reed College au bout de six mois, mais j'y suis resté auditeur libre pendant dix-huit mois avant de laisser tomber définitivement. Pourquoi n'ai-je pas poursuivi ?

Tout a commencé avant ma naissance. Ma mère biologique était une jeune étudiante célibataire, et elle avait choisi de me confier à des parents adoptifs. Elle tenait à me voir entrer dans une famille de diplômés universitaires, et tout avait été prévu pour que je sois adopté dès ma naissance par un avocat et son épouse. Sauf que, lorsque je fis mon apparition, ils décidèrent au dernier moment qu'ils préféraient avoir une fille. Mes parents, qui étaient sur une liste d'attente, reçurent un coup de téléphone au milieu de la nuit : « Nous avons un petit garçon qui n'était pas prévu. Le voulez-vous ? » Ils répondirent : « Bien sûr. » Ma mère biologique découvrit alors que ma mère adoptive n'avait jamais eu le moindre diplôme universitaire, et que mon père n'avait jamais terminé ses études secondaires. Elle refusa de signer les documents définitifs d'adoption et ne s'y résolut que quelques mois plus tard, quand mes parents lui promirent que j'irais à l'université.

Dix-sept ans plus tard, j'entrais donc à l'université. Mais j'avais naïvement choisi un établissement presque aussi cher que Stanford, et toutes les économies de mes parents servirent à payer mes frais de scolarité. Au bout de

---

1. Le 15 juin 2005 (version française sur www.forum.macbidouille.com/index.php?show-topic=141097, version anglaise et extraits vidéo sur site de Stanford : www.news-service.stanford.edu/news/2005/june15/jobs-061505.html & www.news-service.stanford.edu/news/2005/june15/grad-061505.html).

six mois, je n'en voyais toujours pas la justification. Je n'avais aucune idée de ce que je voulais faire dans la vie et je n'imaginais pas comment l'université pouvait m'aider à trouver ma voie. J'étais là en train de dépenser tout cet argent que mes parents avaient épargné leur vie durant. Je décidai donc de laisser tomber. Une décision plutôt risquée, mais rétrospectivement c'est un des meilleurs choix que j'aie jamais faits. Dès le moment où je renonçais, j'abandonnais les matières obligatoires qui m'ennuyaient pour suivre les cours qui m'intéressaient.

Tout n'était pas rose. Je n'avais pas de chambre dans un foyer, je dormais à même le sol chez des amis. Je ramassais des bouteilles de Coca-Cola pour récupérer le dépôt de 5 cents et acheter de quoi manger, et tous les dimanches soir je faisais 10 kilomètres à pied pour traverser la ville et m'offrir un bon repas au temple de Hare Krishna. Un régal. Et ce que je découvris alors, guidé par ma curiosité et mon intuition, se révéla inestimable à l'avenir. Laissez-moi vous donner un exemple : le Reed College dispensait probablement alors le meilleur enseignement de la typographie de tout le pays. Dans le campus, chaque affiche, chaque étiquette sur chaque tiroir était parfaitement calligraphiée. Parce que je n'avais pas à suivre de cours obligatoires, je décidai de m'inscrire en classe de calligraphie. C'est ainsi que j'appris tout ce qui concernait l'empattement des caractères, les espaces entre les différents groupes de lettres, les détails qui font la beauté d'une typographie. C'était un art ancré dans le passé, une subtile esthétique qui échappait à la science. J'étais fasciné.

Rien de tout cela n'était censé avoir le moindre effet pratique dans ma vie. Pourtant, dix ans plus tard, alors que nous concevions le premier Macintosh, cet acquis me revint. Et nous l'incorporâmes dans le Mac. Ce fut le premier ordinateur doté d'une typographie élégante. Si je n'avais pas suivi ces cours à l'université, le Mac ne posséderait pas une telle variété de polices de caractères ni ces espacements proportionnels. Et comme Windows s'est borné à copier le Mac, il est probable qu'aucun ordinateur personnel n'en disposerait. Si je n'avais pas laissé tomber mes études à l'université, je n'aurais jamais appris la calligraphie, et les ordinateurs personnels n'auraient peut-être pas cette richesse de caractères. Naturellement, il était impossible de prévoir ces répercussions quand j'étais à l'université. Mais elles me sont apparues évidentes dix ans plus tard.

On ne peut prévoir l'incidence qu'auront certains événements dans le futur ; c'est après coup seulement qu'apparaissent les liens. Vous pouvez seulement espérer qu'ils joueront un rôle dans votre avenir. L'essentiel est de croire en quelque chose – votre destin, votre vie, votre karma, peu importe. Cette attitude a toujours marché pour moi, et elle a régi ma vie.

« Pourquoi mon départ forcé d'Apple fut salutaire »

Ma deuxième histoire concerne la passion et l'échec. J'ai eu la chance d'aimer très tôt ce que je faisais. J'avais 20 ans lorsque Woz [Steve Wozniak, le cofondateur d'Apple N.D.L.R.] et moi avons créé Apple dans le garage de mes parents. Nous avons ensuite travaillé dur et, dix ans plus tard, Apple était une société de plus de 4 000 employés dont le chiffre d'affaires atteignait 2 milliards de dollars. Nous venions de lancer un an plus tôt notre plus belle création, le Macintosh, et je venais d'avoir 30 ans.

C'est alors que je fus viré. Comment peut-on vous virer d'une société que vous avez créée ? C'est bien simple, Apple ayant pris de l'importance, nous avons engagé quelqu'un qui me semblait avoir les compétences nécessaires pour diriger l'entreprise à mes côtés et, pendant la première année, tout se passa bien. Puis nos visions ont divergé, et nous nous sommes brouillés. Le conseil d'administration s'est rangé de son côté. C'est ainsi qu'à 30 ans je me suis retrouvé sur le pavé. Viré avec perte et fracas. La raison d'être de ma vie n'existait plus. J'étais en miettes.

Je restais plusieurs mois sans savoir quoi faire. J'avais l'impression d'avoir trahi la génération qui m'avait précédé – d'avoir laissé tomber le témoin au moment où on me le passait. C'était un échec public, et je songeais même à fuir la Silicon Valley. Puis j'ai peu à peu compris une chose – j'aimais toujours ce que je faisais. Ce qui m'était arrivé chez Apple n'y changeait rien. J'avais été éconduit, mais j'étais toujours amoureux. J'ai alors décidé de repartir de zéro.

Je ne m'en suis pas rendu compte tout de suite, mais mon départ forcé d'Apple fut salutaire. Le poids du succès fit place à la légèreté du débutant, à une vision moins assurée des choses. Une liberté grâce à laquelle je connus l'une des périodes les plus créatives de ma vie.

Pendant les cinq années qui suivirent, j'ai créé une société appelée NeXT et une autre appelée Pixar, et je suis tombé amoureux d'une femme exceptionnelle qui est devenue mon épouse. Pixar, qui allait bientôt produire le premier film d'animation en trois dimensions, *Toy Story*, est aujourd'hui la première entreprise mondiale utilisant cette technique. Par un remarquable concours de circonstances, Apple a acheté NeXT, je suis retourné chez Apple, et la technologie que nous avions développée chez NeXT est aujourd'hui la clé de la renaissance d'Apple. Et Laurene et moi avons fondé une famille merveilleuse.

Tout cela ne serait pas arrivé si je n'avais pas été viré d'Apple. La potion fut horriblement amère, mais je suppose que le patient en avait besoin. Parfois, la vie vous flanque un bon coup sur la tête. Ne vous laissez pas abattre.

Je suis convaincu que c'est mon amour pour ce que je faisais qui m'a permis de continuer. Il faut savoir découvrir ce que l'on aime et qui l'on aime. Le travail occupe une grande partie de l'existence, et la seule manière d'être pleinement satisfait est d'apprécier ce que l'on fait. Sinon, continuez à chercher. Ne baissez pas les bras. C'est comme en amour, vous saurez quand vous aurez trouvé. Et toute relation réussie s'améliore avec le temps. Alors, continuez à chercher jusqu'à ce que vous trouviez.

« Pourquoi la mort est la meilleure chose de la vie »

Ma troisième histoire concerne la mort. À l'âge de 17 ans, j'ai lu une citation qui disait à peu près ceci : "Si vous vivez chaque jour comme s'il était le dernier, vous finirez un jour par avoir raison." Elle m'est restée en mémoire et, depuis, pendant les trente-trois années écoulées, je me suis regardé dans la glace le matin en me disant : "Si aujourd'hui était le dernier jour de ma vie, est-ce que j'aimerais faire ce que je vais faire tout à l'heure ?" Et si la réponse est non pendant plusieurs jours à la file, je sais que j'ai besoin de changement.

Avoir en tête que je peux mourir bientôt est ce que j'ai découvert de plus efficace pour m'aider à prendre des décisions importantes. Parce que presque tout – tout ce que l'on attend de l'extérieur, nos vanités et nos fiertés, nos peurs de l'échec – s'efface devant la mort, ne laissant que l'essentiel. Se souvenir que la mort viendra un jour est la meilleure façon d'éviter le piège qui consiste à croire que l'on a quelque chose à perdre. On est déjà nu. Il n'y a aucune raison de ne pas suivre son cœur.

Il y a un an environ, on découvrait que j'avais un cancer. À 7 heures du matin, le scanner montrait que j'étais atteint d'une tumeur au pancréas. Je ne savais même pas ce qu'était le pancréas. Les médecins m'annoncèrent que c'était un cancer probablement incurable, et que j'en avais au maximum pour six mois. Mon docteur me conseilla de rentrer chez moi et de mettre mes affaires en ordre, ce qui signifie : "Préparez-vous à mourir." Ce qui signifie dire à ses enfants en quelques mois tout ce que vous pensiez leur dire pendant les dix prochaines années. Ce qui signifie essayer de faciliter les choses pour votre famille. En bref, faire vos adieux.

J'ai vécu avec ce diagnostic pendant toute la journée. Plus tard dans la soirée, on m'a fait une biopsie, introduit un endoscope dans le pancréas en passant par l'estomac et l'intestin. J'étais inconscient, mais ma femme, qui était présente, m'a raconté qu'en examinant le prélèvement au microscope, les médecins se sont mis à pleurer, car j'avais une forme très rare de cancer du pancréas, guérissable par la chirurgie. On m'a opéré et je vais bien.

Ce fut mon seul contact avec la mort, et j'espère qu'il le restera pendant encore quelques dizaines d'années. Après cette expérience, je peux vous le dire avec plus de certitude que lorsque la mort n'était pour moi qu'un concept purement intellectuel : personne ne désire mourir. Même ceux qui veulent aller au ciel n'ont pas envie de mourir pour y parvenir. Pourtant, la mort est un destin que nous partageons tous. Personne n'y a jamais échappé. Et c'est bien ainsi, car la mort est probablement ce que la vie a inventé de mieux. C'est le facteur de changement de la vie. Elle nous débarrasse de l'ancien pour faire place au neuf. En ce moment, vous représentez ce qui est neuf, mais un jour vous deviendrez progressivement l'ancien, et vous laisserez la place aux autres. Désolé d'être aussi dramatique, mais c'est la vérité.

Votre temps est limité, ne le gâchez pas en menant une existence qui n'est pas la vôtre. Ne soyez pas prisonnier des dogmes qui obligent à vivre en obéissant à la pensée d'autrui. Ne laissez pas le brouhaha extérieur étouffer votre voix intérieure. Ayez le courage de suivre votre cœur et votre intuition. L'un et l'autre savent ce que vous voulez réellement devenir. Le reste est secondaire.

Dans ma jeunesse, il existait une extraordinaire publication *The Whole Earth Catalog*, l'une des bibles de ma génération. Elle avait été fondée par un certain Stewart Brand, non loin d'ici, à Menlo Park, et il l'avait marquée de sa veine poétique. C'était à la fin des années 1960, avant les ordinateurs et l'édition électronique, et elle était réalisée entièrement avec des machines à écrire, des paires de ciseaux et des appareils Polaroid. C'était une sorte de Google en livre de poche, trente-cinq ans avant la création de Google. Un ouvrage idéaliste, débordant de recettes formidables et d'idées épatantes.

Stewart et son équipe ont publié plusieurs fascicules de *The Whole Earth Catalog*. Quand ils eurent épuisé la formule, ils sortirent un dernier numéro. C'était au milieu des années 1970, et j'avais votre âge. La quatrième de couverture montrait la photo d'une route de campagne prise au petit matin, le genre de route sur laquelle vous pourriez faire de l'auto-stop si vous avez l'esprit d'aventure. Dessous, on lisait : "Soyez insatiables. Soyez fous." C'était leur message d'adieu. Soyez insatiables. Soyez fous. C'est le vœu que j'ai toujours formé pour moi. Et aujourd'hui, au moment où vous recevez votre diplôme qui marque le début d'une nouvelle vie, c'est ce que je vous souhaite.

Soyez insatiables. Soyez fous.

Merci à tous. »

Discours d'un préfet
à l'occasion d'un départ à la retraite[1]

Qualités retenues : l'intelligence du plan ; la sobriété élégante de l'hommage personnel, pourtant marqué.

« Monsieur l'Inspecteur d'Académie,

Monsieur le Recteur d'Académie,

Monsieur le Conseiller général,

Monsieur le Maire,

Mesdames, Mesdemoiselles et Messieurs,

C'est avec un grand plaisir que je suis là aujourd'hui, parmi vous à Nérac, pour saluer Monsieur Mokhtar Kachour et rendre hommage à l'excellence du parcours qu'il a accompli ici, en Lot-et-Garonne. Je suis un peu triste aussi ce soir : le département perd, avec vous, un grand serviteur de l'État.

Cher Monsieur Kachour, l'excellence du parcours qui est le vôtre est à la mesure des expériences passées qui vous ont dessiné. À la lumière de tout ce que vous avez mis en œuvre en Lot-et-Garonne, chacun peut mesurer combien chaque pas que vous avez accompli est impressionnant.

Votre action en Lot-et-Garonne fut sans cesse dictée par la volonté d'être au service de l'école, de ceux qui la fréquentent comme de ceux qui la font.

Vous vous êtes efforcé de conduire un dialogue ininterrompu avec l'ensemble de la communauté éducative.

- Dès votre arrivée, vous vous êtes fortement impliqué dans le dossier de la carte scolaire, dont chacun mesure à chaque rentrée la sensibilité et les difficultés d'action dans ce domaine. Grâce à une connaissance très fine de ce dossier et à de très hautes qualités de dialogue, vous avez réussi à mener à bien un certain nombre d'adaptations nécessaires en Lot-et-Garonne. Croyez-moi, le préfet que je suis a apprécié votre gestion remarquable de la rentrée 2007-2008.

---

1. Discours du préfet de Lot-et-Garonne pour le départ de Monsieur Mokhtar Kachour, inspecteur d'académie, directeur des services départementaux de l'Éducation nationale, le lundi 24 septembre 2007 (disponible sur www.lot-et-garonne.pref.gouv.fr/files/lot_et_garonne/discours-prefet/Discours-depart-de-M-kachour.pdf).

- C'est ensuite votre écoute permanente à l'endroit des personnels éducatifs et des personnels d'encadrement qui fut en tout point remarquable : votre capacité à comprendre, à prendre en considération les problèmes quotidiens comme les bonnes expériences fut la source d'échanges bénéfiques à l'ensemble des partenaires de l'école en Lot-et-Garonne.

- Enfin, je voudrais souligner votre investissement énergique dans le groupe académique de formation des personnels d'encadrement, où vous défendez avec conviction l'idée d'un pilotage pédagogique partagé.

Être au service de l'école, c'est aussi pour vous être au service de ceux qui éprouvent des difficultés ou voient se dresser des obstacles : vous êtes l'ennemi déclaré de tout ce qui peut gêner l'accès à l'école et au savoir.

- Avant toute chose, je retiens et salue votre engagement déterminé dans la lutte contre les violences scolaires, s'agissant en particulier d'actes racistes ou antisémites. Encore trop présents dans l'enceinte de l'école, vous vous êtes à chaque cas élevé avec force contre cette banalisation du mal.

- La mise en œuvre d'une politique éducative porteuse de réussite reste pour vous une priorité. Pour les ZEP en particulier mais aussi plus globalement en Lot-et-Garonne, vous avez défendu l'idée que des projets dynamiques, développés avec de forts partenariats, étaient possibles et souhaitables pour conduire à une meilleure éducation.

- Je sais combien vous vous êtes impliqué dans la mise en place de classes relais en direction des plus fragiles. Votre effort en faveur de l'accueil des enfants et adolescents handicapés a également été intense. Chaque fois que cela fut nécessaire, vous n'avez posé aucun préalable à l'action et êtes parvenu à bâtir des solutions là où tant d'autres ne voient que des difficultés insurmontables.

- Enfin, votre participation attentive soutenue aux travaux de la commission régionale pour l'intégration et la lutte contre les discriminations ainsi qu'aux travaux menés par la haute autorité de lutte contre les discriminations et pour l'égalité mérite d'être saluée avec le plus grand respect.

Au-delà de vos indéniables compétences, ce sont aussi vos exceptionnelles qualités humaines que je souhaite saluer.

- Incontestablement, tous ceux qui vous ont approché, ont travaillé à vos côtés, ont dialogué avec vous sont unanimes : votre grande humanité, forgée au fil des ans, force le respect. Nous garderons tous de vous l'image d'un homme aimable, ouvert, pétri de culture et tolérant.

- C'est ensuite votre immense force de conviction et votre exceptionnelle capacité à agir que je veux souligner ce soir : vous êtes un homme d'action, un homme du réel, un pragmatique.

- Vous disposez enfin d'une qualité rare : la lucidité. Vous savez ce qui peut être fait et ce qui est impossible, vous savez douter et dialoguer pour trouver des réponses.

Cher Monsieur Kachour, vous allez maintenant rejoindre dans quelques jours le département de la Haute-Loire pour y occuper les fonctions d'inspecteur d'académie. Vous avez souhaité rejoindre ce département par attachement, je crois, pour le monde rural et par intérêt pour les défis difficiles. En Haute-Loire, en effet, les établissements scolaires se répartissent à peu près également entre établissements publics et établissements privés. Je ne doute pas que vous saurez y faire preuve des mêmes qualités d'enthousiasme et de professionnalisme que celles que j'ai pu observer en Lot-et-Garonne.

Le département perd avec vous un grand inspecteur d'académie, qui a su se faire apprécier de tous. Vous avez été un défenseur infatigable de l'école, de la mission publique de l'instruction au service de tous, pour permettre à chacun d'entrer dans sa vie d'adulte avec les meilleures chances.

À titre plus personnel, je dirais que j'ai trouvé en Monsieur Kachour un homme profondément attaché au monde rural, comme je le suis moi-même. Nos intérêts communs pour l'Aveyron nous avaient rapprochés. Je regrette profondément de le voir partir, au moment même où j'arrive. Mais lui comme moi savons aussi que les changements d'affectation administrative, au-delà des regrets qu'ils génèrent, sont, pour tout fonctionnaire, une source indéniable d'enrichissement professionnel et personnel. Le Lot-et-Garonne restera longtemps en vous. Mais la Haute-Loire vous attend aussi, avec une impatience que je perçois déjà.

Il me reste à vous souhaiter une excellente installation au Puy-en-Velay. »

Discours d'un préfet
à l'occasion d'une inauguration d'établissement[1]

Qualités retenues : la clarté et l'intelligence du propos.

« Monsieur le Député, Président du Conseil Régional,

Monsieur le Député,

Monsieur le Conseiller Régional,

Monsieur le Maire,

Mesdames, Mesdemoiselles et Messieurs,

Je suis heureux d'être présent parmi vous aujourd'hui pour inaugurer cette médiathèque, qui rendra possible l'accès du plus grand nombre à la culture.

Les médiathèques, vecteur essentiel de l'accès à la lecture et à la culture sous toutes ses formes, constituent une priorité pour les pouvoirs publics.

- La médiathèque, forme moderne de la bibliothèque, est un vecteur de démocratisation de la culture ainsi qu'un magnifique outil pour la promotion du livre et des nouveaux supports multimédias. Avec près de 3 000 bibliothèques/ médiathèques publiques, plus de 6 millions et demi d'inscrits et quelque 180 millions de prêts de documents, les médiathèques ont pris une place de premier choix au cœur des politiques culturelles, éducatives et sociales des communes. La bibliothèque est le deuxième équipement culturel le plus fréquenté par les Français, derrière le cinéma, mais devant le musée. Ce résultat est le fruit de l'effort conjoint consenti depuis des années par les collectivités territoriales et l'État. Le Lot-et-Garonne n'est pas en reste, car la médiathèque de Boé fait suite à l'ouverture de médiathèques à Monflanquin, à Astaffort, et très récemment à Marmande.

- La mobilisation de l'État trouve une illustration très concrète dans la réalisation de la médiathèque de Boé. La contribution de l'État, issue des fonds de la DRAC et dans une moindre mesure du Centre national du livre, est substantielle : 343 279 €, soit plus du tiers du coût total du projet (34,3 %).

---

1. Discours du préfet de Lot-et-Garonne pour l'inauguration de la médiathèque de Boé le samedi 27 octobre 2007 (disponible sur www.lot-et-garonne.pref.gouv.fr/files/lot_et_ garonne/discours-prefet/ discours/Discours-d-inauguration-de-la-mediatheque-de-Boe-27-octobr.pdf).

- Pourquoi se réjouir de ce volontarisme ? Car la lecture donne un sens à notre vie, elle nous transpose dans des mondes imaginaires, nous confronte à la nouveauté, à l'originalité, elle suscite un dialogue ne connaissant pas les limites étroites de la géographie et du temps avec les plus grands esprits de l'humanité. Julien Green nous dit joliment qu'"une bibliothèque, c'est le carrefour de tous les rêves de l'humanité".

- La culture est aussi un facteur d'intégration et de cohésion sociale, comme nous le montre tragiquement la discrimination dont souffrent les personnes illettrées. En outre, nous ne devons pas perdre de vue que le combat pour l'accès de tous à la lecture n'est pas terminé : pour les malvoyants et les handicapés, dans les hôpitaux et dans les prisons, beaucoup de personnes sont encore privées du plaisir de lire. Je tiens à cet égard à saluer l'accessibilité aux personnes handicapées de la médiathèque, ainsi que le portage à domicile mis en place pour ces mêmes personnes, exemplaire de cette ouverture aux autres.

Cet attachement à une politique culturelle ambitieuse trouve une traduction forte à Boé.

- Boé est une commune qui œuvre beaucoup en faveur de la culture sous toutes ses formes. Le succès, non démenti depuis 18 ans, de la fête de la lecture illustre cette ambition de promouvoir la lecture et de sensibiliser des publics de tous âges. Le salon qui s'est tenu les 20 et 21 octobre derniers, ainsi que toutes les manifestations qui l'ont accompagné, a été plébiscité par les habitants de Boé, mais aussi plus largement par des habitants de toute l'agglomération agenaise.

- La parution récente de l'ouvrage *Une histoire de Boé*, fruit de six années de recherches, souligne le goût pour l'histoire et l'écrit d'une ville éprise de culture. Le merveilleux spectacle auquel nous venons d'assister nous montre aussi que tous les âges sont impliqués dans cette foisonnante vie culturelle.

La médiathèque que nous inaugurons aujourd'hui approfondira cet attachement à la lecture et à la culture de la ville de Boé, au profit du plus grand nombre.

- J'ai pu constater la richesse et la variété des collections et des supports présentés. L'ambition d'un haut niveau de qualité, de supports ludiques, de diversité, trouve un réel écho dans cet espace. La musique, l'image, les films, les nouvelles technologies auront une place de choix au sein de cette médiathèque. Cette diversité et cette abondance favoriseront la découverte de formes d'expressions et de plaisirs inattendus.

- En outre, la médiathèque de Boé n'est pas un lieu fermé, secret ou ésotérique, réservé aux seuls initiés. Bien au contraire, elle est un lieu clos mais ouvert sur le monde. Tahar Ben Jelloun nous dit qu'une bibliothèque est "une chambre d'ami". Amitiés suscitées par la médiation d'œuvres intemporelles qui parlent à chacun de nous, mais aussi amitiés que l'équipe compétente, qui animera et fera vivre la médiathèque, saura rendre vivantes. Tous ces éléments faciliteront l'accompagnement du public dans son exploration des nouveaux champs de la culture.

- Une médiathèque est aussi un lieu d'animation, et son équipement facilitera, à n'en point douter, la tenue de nombreux événements culturels, de débats, d'échanges fructueux pour l'harmonie de la cité. La fête du livre de la semaine dernière donne un avant-goût de cette complicité féconde entre le centre culturel François Mitterrand et la médiathèque. Par ailleurs, l'intégration de la médiathèque au sein d'une maison de service public en fait naturellement un espace de convivialité, de travail et de dialogue au service de tous.

- Je tiens à saluer l'engagement de tous les acteurs locaux, des élus et des équipes municipales qui se sont succédées, qui ont réalisé un ensemble d'outils au service de la culture, au premier rang desquels se situe l'équipement que nous inaugurons aujourd'hui. Je salue aussi l'architecte et les entreprises pour la réalisation de cet édifice à l'architecture claire et harmonieuse.

Je souhaite que de nombreux chemins conduisent vers ce nouveau lieu, chemins qu'emprunteront les jeunes au sortir de l'école, du collège, du lycée, ou les adultes après leur journée de travail ou en fin de semaine. J'espère aussi que des personnes inattendues, qui ne savent pas ce qu'est une médiathèque, se perdront sur ces chemins, et réemprunteront après leur première visite la voie de cet espace de partage et d'ouverture. L'explosion des inscriptions depuis l'ouverture de la médiathèque nous montre que le défi est d'ores et déjà relevé.

Je vous remercie. »

Tableau synoptique

Tn Ton	Lg Longueur	C : commencer C1 Parler de soi	C2 Chleuasme
C3 Chance	C4 Hommage	C5 Histoire	C6 Anecdote
D : développer D1 vie quotidienne	D2 Liste	D3 Apostrophe	D4 Raccourci
D5 Répétition Anaphore	D6 Répétition Épiphore	D7 Répétition Anadiplose	D8 Répétition Chiasme
D9 Formule	D10 Question oratoire	D11 Amplification	D12 Exclamation
D13 Antithèse	D14 Réfutation anticipatrice	D15 Concession	O : orner O1 Archaïsme
O2 Étymologisme	O3 Néologisme	O4 Citation expressive	O5 Citation didactique
O6 Citation approximative	O7 Citation fictive	O8 Proverbe	O9 Métaphore
O10 Énallage	T : terminer T1 Remercier	T2 Péroraison	

Quand on commence à se familiariser avec l'écriture d'un discours, il devient possible d'en déterminer très schématiquement les unités constituantes à l'aide du tableau ci-contre. L'orateur « clique » successivement sur tous les « trucs » qu'il compte exploiter.

Application à un discours de présentation des vœux : Tn léger ; Lg modeste ; C1 (*Je n'ai pas l'habitude de…*) + C2 (*et c'est avec des mots certainement maladroits mais sincères que je…*) + C6 (*Permettez-moi de vous raconter une petite anecdote qui…*) + D4 (*Je ne développerai pas longtemps*) car O5 (*comme dit La Fontaine…*) + D5/D14 (*Certes, on me dira que… on me dira que… on me dira que…*) mais O7 (*comme disait ma grand-mère…*). *Cela dit*, D9 (*que le champagne coule à flot*) et T1/D9 (*que l'année vous soit…*).

En résumé : Tn léger – Lg modeste – C1, C2, C6, D4, O5, D5/D14, O7, D9 et T1/D9.

Lexique

Amplification

Figure complexe à définir. Dans cet ouvrage, « amplification » désigne une accumulation avec volonté de « gonfler » progressivement un aspect du discours.

Anadiplose

Répétition de mots ou d'expressions, en début de phrase ou de vers, à l'identique ou presque de ceux terminant la phrase ou le vers précédent.

Anaphore

Répétition d'un même mot au début de plusieurs membres d'une phrase afin de renforcer l'idée exprimée ou d'opérer une symétrie. Par exemple : « *Enfer chrétien, du feu. Enfer païen, du feu. Enfer mahométan, du feu. Enfer hindou, des flammes. À en croire les religions, Dieu est né rôtisseur.* » (Victor Hugo)

Antanaclase

Répétition de mots qui prennent un sens différent ou rapprochement de mots homonymes et univoques mais présentant des sens différents.

Antithèse

« *Expression d'une opposition conceptuelle forte* », selon Georges Molinié, dans son *Dictionnaire de rhétorique*.

Apostrophe

Manière de s'adresser à un ou des absent(s), voire à une figure fictive.

Archaïsme

Utilisation d'un mot ou d'une formule dont l'usage a plus ou moins disparu.

Chiasme

Procédé de rhétorique consistant en deux propositions symétriques dont les termes sont intervertis. Le chiasme peut souligner l'union de deux réalités ou renforcer une antithèse. Par exemple : « *D'un côté des enfants qui jouent aux soldats et de l'autre des soldats qui jouent comme des enfants.* » (Jacques Prévert, *Jeux interdits*) « *La guerre, c'est un massacre de gens qui ne se connaissent pas au profit de gens qui se connaissent, mais ne se massacrent pas.* » (Paul Valéry)

Chleuasme

Manière de se reprocher quelque chose. Dans cet ouvrage, aveu d'amateurisme - tout relatif, bien sûr, purement oratoire - quant au discours comme forme et/ou comme contenu.

Clausule

Fin d'une période oratoire, employée dans cet ouvrage pour désigner une formule qui frappe les esprits et, à l'occasion, synthétise les propos, conclut ou suggère une ouverture.

Confirmation

Dans une perspective rhétorique, désigne le moment où l'on expose et défend sa thèse.

Dérivation

Manière de répétition qui se fonde sur une ou des variation(s) lexicale(s) à partir d'un mot de base. Par exemple : « *La protection ne protège pas.* »

Énallage

Ellipse particulière qui a lieu quand, après avoir employé un mode, un temps, une personne, un nombre ou un genre, on en prend subitement un autre que n'admet pas la construction ordinaire ; changement de classe grammaticale d'un mot.

Épidictique

Dans la rhétorique antique, le genre épidictique (discours démonstratif) est le genre de l'éloge et du blâme. Celui-ci permet de vanter les qualités et les mérites d'une personne (louanges ou blâmes).

Épiphore

Répétition d'un ou plusieurs mots à la fin d'une série de phrases ou partie de phrases, de vers, de strophes. Par exemple : « *Moi qui n'ai jamais prié Dieu / Que lorsque j'avais mal aux dents / Moi qui n'ai jamais prié Dieu / Que quand j'ai eu peur de Satan / Moi qui n'ai prié Satan / Que lorsque j'étais amoureux / Moi qui n'ai prié Satan / Que quand j'ai eu peur du Bon Dieu.* » (Jacques Brel, *La statue*)

Épizeuxe ou pallilogie

Répétition d'un mot sans coordination.

Étymologisme

Mot qu'il faut comprendre non dans son sens actuel, mais dans le sens qu'il avait originellement.

Exorde

Introduction, préparation oratoire, exposé initial.

Glossème

Mot rare utilisé par préciosité, élégance, volonté expressive, etc.

Injonction

Ordre, recommandation ferme.

Métaphore

Figure rhétorique la plus riche et la plus complexe à définir en deux lignes. Pour faire simple, nous dirons que c'est une figure qui consiste à désigner un objet ou une idée par un mot qui convient pour un autre objet ou une autre idée liés aux précédents par une analogie. Par exemple : « *Le poème de la mer* » (Arthur Rimbaud).

Narration

Acte de raconter, d'exposer des faits.

Néologisme

Création d'un mot, souvent pour désigner une chose nouvelle, une notion, etc. Par exemple : « *e-commerce* », « *tapuscrit* », etc.

Paronomase

Rapprochement dans la même phrase de mots voisins par la sonorité mais de sens différents. Remplacement d'un mot par un autre, proche par le son mais différent par le sens. Par exemple : « *Qui vole un œuf vole un bœuf.* »

Péroraison

Figure qui résume le discours et le termine par un appel qui peut être pathétique, lyrique, etc.

Question oratoire

Question posée de pure forme, sans attente de réponse.

Réfutation (ou contre-argumentation)
Acte d'invalider les arguments de la partie adverse.

Trope de fonction
Manipulations de la syntaxe et/ou du lexique ordinaires.

Trope grammatical
Manipulations de la syntaxe et/ou du lexique ordinaires.

Bibliographie

Comme la carte de certains restaurants, ma biblio est courte mais goûteuse :

BERTRAND Denis, DÉZÉ Alexandre et MISSIKA Jean-Louis, *Parler pour gagner*, Presses de Sciences Po, 2007.

BOURDIEU Pierre, *Ce que parler veut dire*, Fayard, 1982.

CHAMPAGNE Patrick, *Faire l'opinion*, Éditions de Minuit, 1990.

FONTANIER Pierre, *Les figures du discours, 1821-1830*, Flammarion, coll. « Champs », 1993.

GAULLE (de) Charles, discours (disponibles sur www.charles-de-gaulle.org/rubrique.php3?id_rubrique=10).

GOFFMAN Erving, *Façons de parler*, Éditions de Minuit, 1990.

PRÉFECTURE DE L'AISNE, Service communication, discours du Préfet (www.aisne.pref.gouv.fr/2007/discours/)

REBOUL Olivier, *La rhétorique*, « Que sais-je ? » PUF, 1991.

SALMON, Christian, *Storytelling, une machine à fabriquer des histoires et à formater les esprits*, La Découverte, 2007.

SUHAMY Henri, *Les figures de style*, coll. « Que sais-je ? », PUF, 2004.

WIECHERT Ernst, *Missa sine nomine*, Calmann-Lévy, 1953.

Index des noms propres

www.ingramcontent.com/pod-product-compliance
Lightning Source LLC
LaVergne TN
LVHW060122060726
842526LV00009B/2728